Klaus Ritzkowski · «Die geheime Selbigkeit
des Schaffens und des Aufnehmens»

Klaus Ritzkowski wurde 1976 in Bremen geboren und studierte Musikwissenschaft, Philosophie und Mittlere und Neuere Geschichte in Leipzig, Nancy und München. Im Jahr 2007 wurde er an der Hochschule für Musik und Theater München mit einer Arbeit zur Interpretationsanalyse der Klaviervariationen op. 27 von Anton Webern promoviert. Er lebt in Bremen.

Klaus Ritzkowski

«Die geheime Selbigkeit des Schaffens und des Aufnehmens»

Eine hermeneutische Betrachtung
der *Goldberg-Variationen* von J. S. Bach
anhand von sechs Einspielungen

Die Deutsche Bibliothek verzeichnet diese Publikation in der Deutschen Nationalbibliographie; detaillierte bibliographische Daten sind im Internet über http://dnd.ddb.de abrufbar.

ISBN: 978-3-7583-4007-9

Layout und Notensatz: Dr. Klaus Ritzkowski
Verlag: BoD • Books on Demand GmbH, In de Tarpen 42, 22848 Norderstedt
Druck: Libri Plureos GmbH, Friedensallee 273, 22763 Hamburg

Vorbemerkung

Die Beschäftigung mit der philosophischen Hermeneutik Hans-Georg Gadamers hat mich vor einiger Zeit auf die überraschend erhellenden Einsichten gestoßen, die dieses philosophische Werk in Bezug auf ästhetische Fragen in sich birgt. Gerade die Probleme, die die Musik als Forschungsgegenstand mit sich bringt, erscheinen vor diesem Hintergrund in einem anderen Licht. Die wohl wichtigste Konsequenz aus diesen Einsichten ist sicherlich das Miteinbeziehen der musikalischen Interpretation in die Auseinandersetzung mit Musik. Daher widmet sich diese Arbeit verschiedenen Einspielungen eines bedeutenden Werkes der Klavierliteratur: den *Goldberg-Variationen* von Johann Sebastian Bach (BWV 988).

Zur Entstehung dieser Arbeit, die im Jahr 2003 als Magisterarbeit an der Universität Leipzig mit der Bestnote bewertet wurde, haben eine Reihe von Personen beigetragen, denen ich an dieser Stelle herzlich danken möchte: Herrn Prof. Dr. Klaus Mehner sowie Herrn Prof. Dr. Lothar Schmidt für ihre hilfreichen Hinweise, Frau Prof. Dr. Eszter Fontana für ihre kompetente Beratung in Cembalofragen, Christoph Wundke und Oliver Schwesig für ihre Hilfe bei der Korrektur, meinen Eltern und meinem Bruder Uwe für ihre allumfassende Unterstützung und meiner Freundin Judith für ihre bewundernswerte Geduld.

INHALTSVERZEICHNIS

Einleitung

Der Titel dieser Arbeit verweist mit einem Zitat Hans-Georg Gadamers auf die Überzeugung, dass ein Kunstwerk untrennbar mit seiner Darstellung beziehungsweise Interpretation verbunden ist. Die hermeneutische Herangehensweise besteht demzufolge darin, Werk und Interpretation als eine Einheit zu begreifen und als solche zu untersuchen, wobei das Verstehen des musikalischen Werks und seiner Interpretation – beziehungsweise seiner Interpretationen – im Mittelpunkt des Interesses steht. Aus hermeneutischer Sicht ist es dabei nicht notwendig auf eine wissenschaftlich fundierte Methode zurückzugreifen.

Nichtsdestotrotz werden im ersten Kapitel verschiedene musikwissenschaftliche Ansätze zur Untersuchung von musikalischer Interpretation thematisiert und deren Anwendbarkeit auf die vorliegende Untersuchung bewertet werden. Über die hermeneutischen Positionen Hans-Georg Gadamers hinaus werden dort Ideen Theodor W. Adornos zur musikalischen Interpretation vorgestellt, um ein umfassenderes Bild und weitere Ansätze zu erhalten.

Das Gebiet der historischen Aufführungspraxis wird in dieser Arbeit weitgehend außerachtgelassen, es wird nur ein kurzer Exkurs zu diesem Thema unternommen. Die Streitfrage, ob man Bachs Tastenmusik überhaupt auf dem Klavier spielen darf, soll ausgeklammert werden. Klavier- und Cembaloaufnahmen werden gleichberechtigt behandelt, ohne dass die zahlreichen Unterschiede zwischen beiden eine genauere Erörterung erfahren sollen.

Die musikwissenschaftliche Beschäftigung mit dem Werk wird im zweiten Kapitel im Hinblick auf einige spezielle Fragen zusammengefasst: Die umstrittene Entstehungsgeschichte des Werkes, sein Aufbau und die verschiedenen Deutungen, die das Werk in einigen wissenschaftlichen Arbeiten erfuhr. Dies soll uns bei der späteren Untersuchung der Einspielungen als Ebene des Vergleichs zwischen Musikpraxis und -wissenschaft dienen, die womöglich ihre Positionen gegenseitig untermauern. Das dritte Kapitel wird sich den Interpreten widmen, deren Einspielungen Gegenstand dieser Arbeit sind. Es soll kurz dargestellt werden, in welcher musikalischen und interpretatorischen Tradition sie stehen, gegebenenfalls ihre Stellung zur Musik J. S. Bachs und den *Goldberg-*

Variationen und die Frage, weshalb gerade ihre Interpretation für diese Arbeit herangezogen wurde.

Den Hauptteil der Arbeit bildet dann das vierte Kapitel, das die Betrachtung der sechs Einspielungen zum Thema haben wird. Anhand einer Reihe von musikalischen Parametern, die für die Interpretation eine wichtige Rolle spielen, sollen die Einspielungen an einzelnen Stellen detailliert untersucht werden, um am Ende ein möglichst umfassendes Gesamtbild zu erhalten. Der hierzu herangezogene Notentext ist die 1973 von Rudolf Steglich besorgte Urtext-Ausgabe, die im G. Henle Verlag München erschienen ist und nach dem Auffinden von Bachs Handexemplar im Jahr 1975 von Paul Badura-Skoda ergänzt wurde. Das fünfte und letzte Kapitel soll sich dann noch einmal auf den Ausgangspunkt der Untersuchung zurückbesinnen: die auf das Verstehen gerichtete hermeneutische Herangehensweise an die Einheit von Werk und Interpretation.

I. INTERPRETATIONSBETRACHTUNG

1. Grundsätzliche Überlegungen

Die Beschäftigung mit musikalischer Interpretation im Sinne der Aufführung musikalischer Werke – und nicht im Sinne hermeneutischer Ausdeutung – führt in der Musikwissenschaft ein Schattendasein. Zwar gibt es einen Forschungszweig, der sich mit historischer Aufführungspraxis beschäftigt und darüber Auskunft geben will, wie man eine bestimmte Musik historisch authentisch aufzuführen hat. Doch haben diese Forschungen eher den Charakter einer Vortragslehre, die sich auf zeitgenössische Traktate und deren Anwendung auf den Notentext bezieht. Den umgekehrten Weg, von einer bestehenden Interpretation hin zum Werk, gehen dagegen nur wenige Arbeiten. Dabei haben wir es doch bei der Interpretation eines Werkes erst mit der klingenden Musik zu tun; mit dem also, was landläufig unter Musik verstanden wird. Dass die Musikwissenschaft sich dagegen in der Regel mit dem reinen Notentext beschäftigt, gehört zu den

Merkwürdigkeiten, die dieser Geisteswissenschaft zu eigen sind.

Offensichtlich liegt es in dem, schon früh in der Musikästhetik ausgemachten, transitorischen Charakter dieser Kunst, dass sie sich in ihrer eigentlichen klingenden Form einer genaueren Untersuchung entzieht. Dies läuft dem Anspruch auf Wissenschaftlichkeit, der möglichst objektive Gegebenheiten und Kriterien verlangt, zuwider. Mit dem Aufkommen von Aufnahmetechnik und Tonträgern im frühen 20. Jahrhundert wurde diese Problematik allerdings schon relativiert. Eine Aufnahme lässt sich beliebig oft wiedergeben, so dass in der Wiederholung der an sich flüchtigen Musik relativ genaue Urteile möglich wurden. Dennoch haben sich die meisten Arbeiten mit musikwissenschaftlichem Anspruch, die sich mit Interpretationen beschäftigen, durch eine möglichst große Exaktheit abzusichern versucht. Dies bedeutet konkret oft den Einsatz von Messgeräten, die naturwissenschaftlich exakt in der Regel das Tempo und die Dynamik der zu untersuchenden Aufnahme erfassen. Autoren, die sich lediglich auf ihren eigenen Höreindruck stützen, treten dagegen zumeist ohne wissenschaftlichen Anspruch auf. Sie veröffentlichen ihre Texte dementsprechend in Phonozeitschriften oder aber ihre Beiträge werden im öffentlich-rechtlichen Rundfunk gesendet.

In der Beschreibung der vorhandenen Arbeiten zur musikalischen Interpretation unterscheidet Hermann Danuser zwischen der wissenschaftlich-exakten Interpretationsanalyse einerseits und dem journalistisch-beliebigen Interpretationsvergleich andererseits.[1] Danuser hält die Ausarbeitung einer umfassenden Theorie der Interpretation für notwendig, die unter anderem die unterschiedlichen Traditionsstränge der musikalischen Interpretation seit dem Anfang des 19. Jahrhunderts beschreiben soll. Eine wissenschaftliche Beschäftigung mit musikalischer Interpretation bedarf nach Danuser darüber hinaus auch der Musikpsychologie.[2] Aufgrund des Fehlens einer grundlegenden Theorie und Methode zur Untersuchung musikalischer Interpretation befindet sich dieses Teilgebiet der Musikwissenschaft allerdings noch in den Anfängen. Danuser hängt die Maßstäbe für eine Erforschung der Interpretation auch daher nicht sehr hoch, wenn er schreibt: «Eine aktuelle Methodik des Inter-

---

[1] Siehe Hermann Danuser: Artikel «Interpretation», in: Ludwig Finscher (Hg.): MGG 2, Sachteil, Bd. 4, S. 1064.
[22] Siehe ders.: Neues Handbuch der Musikwissenschaft, Bd. 11: Musikalische Interpretation, S. 320.

14

pretationsvergleichs zielt auf verbindliche, intersubjektiv nachvollziehbare und in ihrer geschichtlichen Reichweite beschränkte Urteile, welche die einzelnen Leistungen in ihrem interpretationsgeschichtlichen Kontext betrachten».[3] Es ist also nicht unbedingt Objektivität gefordert, sondern nur Intersubjektivität. Die Interpretationsgeschichte spielt eine herausgehobene Rolle, zu der in der Untersuchung Verbindungen von einer einzelnen Interpretation her aufgebaut werden sollen. Aber ist das dann noch Wissenschaft im Sinne einer exakten Analyse oder nur ein unwissenschaftlicher Interpretationsvergleich?

Wir wollen in dieser Arbeit versuchen, innerhalb des von Hermann Danuser aufgemachten klaren Gegensatzes zwischen wissenschaftlich-exakter Interpretationsanalyse und unwissenschaftlich-beliebigem Interpretationsvergleich zu vermitteln. Beide Ansätze sollen hier versuchsweise kombiniert werden. Denn diese Arbeit will beides sein: Interpretationsanalyse und -vergleich. Es wird versucht werden, möglichst verbindliche, intersubjektiv nachvollziehbare Urteile zu den Interpretationen zu erhalten, die sowohl einer Analyse der Interpretationen dient, als auch dem Ver-

---

[3] Ebd. S. 320.

gleich der Interpretationen untereinander. Die Wahl des Begriffes der Interpretationsbetrachtung soll die Stellung dieses Verfahrens zwischen diesen beiden Extremen verdeutlichen: Interpretationen werden betrachtet, das heißt sie werden möglichst genau nach bestimmten Kriterien untersucht, analysiert und untereinander verglichen. Was dabei eigentlich zum Vorschein kommt, ist jedoch nicht die bloße Interpretation mit ihrem interpretationsgeschichtlichen Kontext, sondern das Werk selbst, durch den Interpreten vermittelt.

2. Ästhetische Nichtunterscheidung

Die Grundannahme dieser Arbeit ist, wie bereits ihr Titel andeutet, die wesensmäßige Übereinstimmung von musikalischem Kunstwerk und seiner Darstellung. Das bedeutet, dass beides untrennbar zusammengehört und uns folglich das Betrachten einer musikalischen Interpretation gleichzeitig einen Blick auf das Werk selbst gewährt. Das heißt aber streng genommen auch: Jede Herangehensweise, die versucht, ein Werk von seiner Darstellung abgelöst zu betrachten, geht letztlich fehl. Denn der Zugang über die

16

Darstellung ist eine notwendige Bedingung für ein adäquates Verstehen von Musik: Nur wenn Musik erklingt, ist sie auch wirklich da. Die Beschäftigung mit dem reinen Notentext verfehlt demnach das Wesen der Musik.

Diese Überzeugung entstammt der philosophischen Hermeneutik Hans-Georg Gadamers, namentlich seinem Hauptwerk *Wahrheit und Methode*. Dieses Buch beginnt mit einer *Kritik am ästhetischen Bewußtsein*, die zu eben jener Überzeugung von der ästhetischen Nichtunterscheidbarkeit von Kunstwerk und dessen Darstellung führt. Denn die Unterscheidung dieser beiden Pole, wie sie die Ästhetik gemeinhin vornimmt, verhindert den eigentlichen Zugang zum Kunstwerk. So schreibt Gadamer:

> «Die Aufführung eines Schauspiels ist auch nicht einfach von ihm ablösbar als etwas, das zu seinem eigentlichen Sein nicht gehört, sondern so subjektiv und fließend ist wie die ästhetischen Erlebnisse, in denen es erfahren wird. Vielmehr begegnet in der Aufführung und nur in ihr – das wird am klarsten an der Musik – das Werk selbst, so wie im Kult das Göttliche begegnet.»

Das führt zu der Schlussfolgerung: «Schauspiel ist erst eigentlich, wo es gespielt wird, und vollends Musik muß ertönen.»[4] Diese Sätze lassen sich auch als eine Kritik an den Kunstwissenschaften lesen, die versuchen ihrem Gegenstand mit verobjektivierenden Methoden habhaft zu werden. In einem seiner letzten zur Kunst erschienenen Aufsätze drückt Gadamer diese Kritik folgendermaßen aus: «Das, was man an einem Kunstwerk, das im Vollzug sein Sein hat, durch Objektivierung und wissenschaftliche Methodik erfassen kann, bleibt notwendig sekundär und insofern geradezu unwahr. Die Wahrheit, die wir in der Aussage der Kunst suchen, ist die im Vollzug erreichbare.»[5] Hier ist nun vom Vollzug und nicht mehr von der Darstellung die Rede. Gemeint ist aber dasselbe: die Vermittlung des Kunstwerks; im Falle der Musik ihre Interpretation. Worauf es Gadamer jedoch in der Kunst ankommt ist die Vermittlung von Wahrheit. Und so stellt er Fragen wie:

«Soll in der Kunst keine Erkenntnis liegen? Liegt nicht in der Erfahrung der Kunst ein Anspruch auf Wahrheit, der

---

[4] Hans-Georg Gadamer: Wahrheit und Methode, S. 121.
[5] Ders.: Wort und Bild – «so wahr so seiend», in: Jean Grondin (Hg.): Gadamer Lesebuch, S. 192.
18

von dem der Wissenschaft gewiß verschieden, aber ebenso gewiß ihm nicht unterlegen ist? Und ist nicht die Aufgabe der Ästhetik darin gelegen, eben das zu begründen, daß die Erfahrung der Kunst eine Erkenntnisweise eigener Art ist, gewiß verschieden von derjenigen Sinneserkenntnis, welche der Wissenschaft die letzten Daten vermittelt, aus der sie die Erkenntnis der Natur aufbaut, gewiß auch verschieden von aller sittlichen Vernunfterkenntnis und überhaupt von aller begrifflichen Erkenntnis, aber doch Erkenntnis, das heißt Vermittlung von Wahrheit?»[6]

Wie sieht nun aber diese Vermittlung von Wahrheit aus? Um die Seinsweise des Kunstwerks zu beschreiben bedient sich Gadamer dem Begriff des Spiels. Er beschreibt das Spiel als ein Geschehen in das der Spieler hineingezogen wird; das Spielen ist eigentlich mehr ein Gespieltwerden, bei dem weder ein Subjekt noch ein Objekt auszumachen ist. Der Sinn des Spielens ist dabei ein reines Sichselbstdarstellen. Der Spieler gibt gleichsam etwas von sich hinein, damit wieder etwas herauskommt.[7] Auf die antike Schönheitslehre gestützt, sieht Gadamer das Kunstwerk nicht als ein

---

[6] Ders.: Wahrheit und Methode, S. 103.
[7] Zum Begriff des Spiels siehe: Wahrheit und Methode, S. 107ff.

Produkt, das sich einfach nachvollziehen und reproduzieren lässt; vielmehr treten Kunstwerk und Interpret in ein enges Wechselverhältnis ein, bei dem gleichsam unsichtbare Fäden zwischen beiden verlaufen, so dass sie eine Einheit bilden:

> «Die Kunst ist im Vollzug. Das ist das Ergebnis unserer begrifflichen Rückbesinnung auf die griechische Schönheitslehre und ihre Anwendung. Das bedeutet aber: Die Seinsweise des Kunstwerks ist weder ein Geschaffenes, noch treffen Begriffe wie Produktion und Reproduktion seitens des Aufnehmenden die Sache. Ja, diese Unterscheidung ist geradezu ihr Verfehlen. Die Künstler, Bildhauer, Maler, Dichter leisten zwar planvolle Arbeit, machen vielleicht viele Entwürfe und Versuche, um ihren Plan auszuführen. Aber es ist kein Herstellen von etwas, was ein anderer so haben will, um es dann in Gebrauch zu nehmen. Beides sind unangemessene Begriffe, die die geheime Selbigkeit des Schaffens und des Aufnehmens verdecken. Die künstlerische Schöpfung ist nicht etwas, was man macht – und wird auch nicht nachgemacht oder gar nacherlebt. Wir sagen immer, es kommt heraus und es ist etwas darin. Aber was und wie, was da herauskommt, läßt sich nicht sagen.»[8]

---

[8] Gadamer: Wort und Bild – «so wahr so seiend», S. 190.

Die Erfahrung, die wir mit der Kunst machen, kann
also laut Gadamer nicht verbal ausgedrückt werden,
die Erkenntnis, die sie uns bringt, nicht begrifflich ge-
fasst werden. Das Herauskommen, das Gadamer beschreibt, scheint vielmehr eine Art überwältigendes
Gefühl zu sein, das einen überkommt, wenn man im
Betrachten eines Kunstwerks eine entsprechende Erfahrung macht:

> ««Es kommt heraus» — ist vielmehr et-
> was, was man noch nie so gesehen hat.
> Selbst wenn man es mit einem Porträt zu
> tun hat, den Porträtierten kennt und das
> Bild ähnlich findet, ist es doch so, als
> hätte man ihn noch nie so gesehen. So
> sehr *ist* er es. Man hat sich sozusagen
> hineingesehen, und je mehr man das tat,
> desto mehr ist es herausgekommen. [...]
> Oder man liest ein Gedicht. Man liest es
> wieder. Man geht es durch und es geht
> mit einem mit. Es ist, als ob es zu spre-
> chen, als ob es zu singen begönne, und
> man singt mit. Wenn es sich um Musik
> handelt, sei es, daß man selber Musik
> macht, «nach Noten», wie wir sagen, o-
> der auch nur die Musik mitanhört, dann
> ist alles da, Wiederholung, Variation,
> Umkehrung, Auflösung, und es ist ei-
> nem geradezu vorgeschrieben. Aber nur,
> wenn man mitgeht, sei es als Musizieren-
> der, sei es als Zuhörer, kommt es heraus

und es geht einem ein. Sonst rauscht es vorbei und schien einem leer.»[9]

3. Reproduktionstheorie

«Die wahre Reproduktion ist die Röntgenphotographie des Werkes. Ihre Aufgabe ist es, alle Relationen, Momente des Zusammenhanges, Kontrasts, der Konstruktion, die unter der Oberfläche des sinnlichen Klanges verborgen liegen, sichtbar zu machen – und zwar vermöge der Artikulation eben der sinnlichen Erscheinung.» Dies ist der erste Satz aus den Fragmenten *Zu einer Theorie einer musikalischen Reproduktion* von Theodor W. Adorno.[10] Dieser Philosoph, der für die Musikwissenschaft eine so große Bedeutung besitzt, arbeitete an einem Buch über musikalische Interpretation, oder, wie er es nannte, musikalische Reproduktion, das er jedoch nie fertigstellte. Sein Hauptteil besteht aus einer etwa 200 Seiten umfassenden Stoffsammlung zur musikalischen Reproduktion, die zahlreiche, in zum Teil aphoristischer Kürze und Prägnanz zu Papier gebrachte, Gedanken enthält.

---

[9] Ders: Ebd. S. 191.
[10] Theodor W. Adorno: Zu einer Theorie einer musikalischen Reproduktion, S. 9.

Aufgrund einer ganzen Reihe anderer bedeutender musikalischer und ästhetischer Schriften wurde Adorno zu einem «Säulenheiligen» der Musikwissenschaft und dies nicht ganz zu Unrecht. Seine Äußerungen zur Musik zeugen von einem außerordentlichen Scharfsinn und einem tiefen Einblick in musikalische Zusammenhänge, wobei er keineswegs vor radikalen Positionen zurückschreckte. Diese besonderen Qualitäten besitzen auch seine Fragmente zur Reproduktionstheorie. Daher hoffen wir, aus diesen Aufzeichnungen Anregungen für unser weiteres Vorgehen zu erhalten.

Adorno stellt die Frage, wie eine Interpretation idealerweise auszusehen hat und auf was beim Interpretieren zu achten ist. Das Stichwort der Röntgenphotographie vom Anfang des Buches zeigt bereits ein sehr wichtiges Moment musikalischer Interpretation im Verständnis Adornos, nämlich, dass sie die Strukturen eines Werkes hörbar machen soll. So bezeichnet Adorno eine genaue Kompositionsanalyse als selbstverständliche Voraussetzung einer jeden musikalischen Interpretation.[11] Dabei darf es kein Verdecken von vielleicht Unvollkommenen geben, sondern im

---

[11] Ders. S. 10.

Gegenteil das Aufdecken desselben: «Musik bedarf der Interpretation: als *Kritik*, die ihr die Ehre der absoluten Wahrheit antut.»[12] Das Subkutane ist herauszubringen, schlechte Taktteile und Dissonanzen, jedoch nicht mechanisch.

> «Generell läßt sich sagen, daß die Probleme der Interpretation im eigentlichen, geistigen Sinn immer die der Komposition sind. [...] Die Schwierigkeiten, Antinomien hat sie nicht, wie es fast allerorten geschieht, zuzuschmieren sondern deren eigenen *Sinn* zu begreifen und ihm zu gehorchen. Durch Darstellung dieses Sinnes der Probleme, nicht indem sie überspielt werden, trägt die Interpretation zu ihrer Lösung bei. Sie geht auf die *Extreme* des kompositorischen Gehalts, nicht auf deren mittleren Ausgleich. Die Interpretation ist gewissermaßen eine Berufungsinstanz, vor der die Komposition als Prozeß nochmals ausgetragen wird. Interpretieren heißt: die Komposition so komponieren, wie sie von sich aus komponiert sein möchte.»[13]

Einige Seiten später bringt Adorno dieses Ideal auf die Formel «Wahre Interpretation: die Komposition hört

---

[12] Ders. 105. Auch die folgenden Zitate stammen aus diesem Buch.
[13] S. 168f.

24

sich selber zu».[14] Adorno beschreibt die Reproduktion als einen Nachvollzug oder sogar als ein Wiederholen des Kompositionsprozesses[15], wobei es aber gleichzeitig auch eine anders gerichtete Bewegung gibt, da der Interpret zunächst angehalten ist, das Werk zu analysieren. Folglich ergibt sich eine doppelte Bewegung der Interpretation: ein Auseinandernehmen in die eine Richtung und ein Zusammensetzen in die andere.[16] Adorno kann also auch sagen: «In gewissem Sinn macht die Interpretation die Notation *rückgängig*.»[17] Denn das, was der Komponist beim Schreiben der Noten als Musik erdachte, erklingt nun, gleichsam aus der Schrift in die eigentliche Erscheinung zurückübersetzt. So gesehen geht der Interpret in der umgekehrten Richtung vor wie der Komponist.

Wesentlich bei der Interpretation ist vor allem der musikalische Sinn. So schreibt Adorno: «Die Interpretation aber ist die angemessene Übersetzung des musikalischen Sinnes in die Erscheinung.»[18] Wie wir schon gesehen haben sind in diesem musikalischen

---

[14] S. 180.
[15] Vgl. auch S. 191.
[16] Siehe S. 201.
[17] S. 182.
[18] S. 173.

Sinn aber gerade die Schwierigkeiten der Komposition enthalten. Das, was ein Interpret vielleicht eher geneigt ist zu verdecken, soll er besonders deutlich herausbringen: die Probleme, die einem Werk innewohnen und deren Sinn, wie Adorno sagt. Gefordert ist eine Interpretation, die in die Extreme geht:

> «Regel: ins Extrem gehen. Die Bereicherung der Stärkeskala durch die neue Musik kommt *aller* zugute. Je größer die Skala, desto größer auch die Möglichkeit, durch Stärkegrade die Struktur zu modellieren, dynamisch zu konstruieren. Und in eins damit extreme *Charaktere* zu treffen. Das gilt nicht nur fürs ppp sondern auch fürs fff. Die Empfindlichkeit gegen das Laute ist die Musikalität der Unmusikalischen. Manches von Mahler und Schönberg, auch Strauss bedarf dem *Sinn* nach der dynamischen Überschreitung der Grenze des Erträglichen: Kriegserklärung ans kulinarische Ideal. Natürlich war die «klassische» Dynamik *anders* – aber nachdem es die andere gibt, läßt jene sich nicht restaurieren. Gilt auch für Bach.»[19]

Natürlich vertritt Adorno hier, wie so häufig eine extreme Position: Die Musikpraxis soll sich die fortschrittlichen Gepflogenheiten der Neuen Musik

---

[19] S. 190.

zunutze machen und sie auf die Musik aller Epochen übertragen. Ein Zurückgehen auf Gewesenes und Rekonstruieren von alten Spielweisen ist demnach nicht wirklich möglich. Das zeigt sich auch in Adornos Überzeugung, es gäbe keine schlechthin objektive Interpretation. Denn ohne die Subjektivität des Interpreten ist die Interpretation quasi wertlos und eben gerade nicht objektiv.

> «Es muß, als eines der philosophischen Grundmotive der Arbeit, hervortreten, daß die Objektivität von Erkenntnis – und Darstellung – nicht ein Weniger an Subjektivität, ein Weglassen erheischt sondern ein Mehr an Subjektivität. Nachmachen heißt daß dem Subjekt umso mehr vom Objekt sich erschließt wie es hineingibt. Das ist das zentrale Argument gegen den Positivismus. Aber dies Hineingehen spielt im Text, nicht als ein von ihm Abgespaltenes – und das ist die Schwelle zur Romantik. Das subjektive Element der Objektivität ist die Interpretation.»[20]

Eine der Hauptthesen Adornos zur Interpretation ist folglich: «Die Objektivität der Reproduktion setzt die Tiefe der subjektiven Anschauung voraus, sonst ist es

---

[20] S. 86.

nur ein erstarrter Abdruck der Oberfläche».[21] Gadamers Theorie nicht unähnlich, geht auch Adorno von einer Art Wechselverhältnis zwischen Interpret und Werk aus: nur dadurch, dass der Interpret etwas von seiner Subjektivität in die Interpretation hineingibt, kommt etwas von der Objektivität des Werkes heraus. Dennoch ist vorausgesetzt, dass sich der Interpret streng an den gegebenen Notentext hält. Aber entscheidend ist, dass ein subjektives Element hinzutritt.

> «Es ist in der äußersten Strenge der Interpretation ein Moment der Freiheit, nicht das der *Insuffizienz* der Schrift, also des Hohlraums, der in «objektiver» Musik dem Interpreten gelassen wird, sondern ein *prinzipiell* der Notation enthobenes *gestisches* Element – das Moment des Idiomatischen. Kreisler, Kolisch sprechen ihre Sprache nicht trotz sondern in der Strenge und hier ist der legitime Ort der Subjektivität des Interpreten. Kategorien wie Geigenton, Anschlag usw., überhaupt ein die Sprache des Instruments Sprechen. Auch Caruso. Ohne dies Moment keine große Interpretation. Es bezeichnet das Moment der Wahrheit an der Virtuosität. Ist nicht dies über die Wiedergabe hinausgehende, selbständige Moment der vokalen oder instrumentalen Sprache beim Interpreten vorhanden, so ist gerade die

---

Objektivität des Werkes nicht zu realisieren, die aufs Subjekt als ein auf ein in ihr nicht Aufgehendes verwiesen bleibt. Dies ist eine der tiefsten Ansatzpunkte der Dialektik der Interpretation. Es ist genau *dies* Moment, das bei den positivistischen Interpreten abstirbt und dies gerade wird als Treue mißverstanden. — Jenes idiomatische Moment allein ist die Bedingung der Konkretion.»[22]

Zu diesem dialektischen Verhältnis von Objektivität des Werkes und Subjektivität des Ausführenden kommt noch ein zweites entscheidendes hinzu; das Verhältnis von Teil und Ganzem im Werk. Ganz am Anfang seiner Notizen zur Reproduktionstheorie schreibt Adorno: «Und das stets wieder erscheinende Problem der Interpretation ist die Herstellung einer Dialektik von Ganzem und Teil, die weder das Ganze ans Detail noch das Detail durchs Ganze annulliert».[23] Das hiermit Geforderte ist ein für den Interpreten ziemlich schwer zu realisierendes ausgewogenes Verhältnis zwischen der großen musikalischen Form und deren Entwicklung und Linie einerseits und den kleinen musikalischen Strukturen und Details andererseits.

---

[22] S. 74f.
[23] S. 9.

4. Historische Aufführungspraxis

Unabhängig von diesen gewissermaßen radikalen ästhetischen Positionen, wie sie Hans-Georg Gadamer und Theodor W. Adorno vertreten haben, gibt es vor allem ab der zweiten Hälfte des 20. Jahrhunderts eine immer wichtiger werdende Strömung, die zwischen Musikforschung und -praxis angesiedelt ist: die historische Aufführungspraxis. Ursprünglich vor allem mit alter Musik beschäftigt, hat sie ein möglichst authentisches Klangbild zum Ziel, das der ursprünglichen Aufführung so ähnlich wie möglich sein will. Innerhalb der Musikwissenschaft zeichnen sich ihre Vertreter dadurch aus, dass es sich bei ihnen häufig um Interpreten handelt, mithin gar nicht um Musikwissenschaftler, sondern um Musiker. Einen solchen Vertreter wollen wir nun behandeln, um zu erfahren, was wir über die historische Aufführungspraxis der Klavierwerke Bachs wissen: den Pianisten Paul Badura-Skoda. Er hat dieses Thema in einer umfangreichen Monographie bearbeitet und soll hier stellvertretend für die ganze Forschungsrichtung der historischen Aufführungspraxis angeführt werden. [24]

---

[24] Paul Badura-Skoda: Bach-Interpretation. Die Klavierwerke Johann Sebastian Bachs.

Was zum Beispiel wissen wir über die Tempi, die Bach für seine Cembalo-Kompositionen vorsah? Durch das fast völlige Fehlen präziser zeitgenössischer Tempoangaben zu den Werken Bachs haben wir kein wirklich sicheres Wissen zu diesem Thema. Badura-Skoda spricht allerdings von der allgemeinen Tendenz, dass langsame Tempi bei Bach zu langsam genommen werden, so dass die Gesamtanlage von Werken aus der Sicht gerät. Allgemein wurde im Barock schneller und «leichtgewichtiger» musiziert, wie Badura-Skoda schreibt.[25] An gleicher Stelle gibt er den Hinweis, dass bestimmte Stücke aufgrund ihres Stils oder ihrer Satzart Anzeichen auf ein zu wählendes Tempo enthalten. So sind in den zahlreichen stilisierten Tänzen Bachs die Tanzschritte erkennbar und mit ihnen ein vermutlich richtiges Tempo. Auch Fugen sind zuweilen als solche stilisierte Tanzsätze aufzufassen. Schwieriger ist es hingegen bei jenen Sätzen, die weder vom Stil noch vom Ausdruckscharakter her Anhaltspunkte für ein zu wählendes Tempo enthalten; hier können Taktarten und Notierungen von Notenwerten sowie Satzüberschriften eine Hilfe sein. Badura-Skoda verweist auf eine Praxis des 18.

---

[25] Siehe Badura-Skoda S. 82f.

Jahrhunderts, dass Taktarten mit großen Werten, wie etwa der 2/2-Takt, im Allgemeinen langsam gespielt wurden, ein 12/16-Takt mit kleinen Notenwerten hingegen schnell.[26] Die Bedeutung von Satzüberschriften wie *Adagio* oder *Andante* entsprechen nicht unserem heutigen Verständnis. *Adagio* ist nicht so langsam zu verstehen, wie wir es gemeinhin tun, *Andante* ebenfalls schneller als heute üblich (als mäßig schnelles Tempo), *Presto* hingegen nicht so schnell wie heutzutage (ist mit Allegro gleichzusetzen); die Form der Sarabande wird heute ebenfalls zu langsam aufgefasst.[27] Zu den historisch richtigen Tempi bleibt Badura-Skoda folgend festzuhalten, dass sie in modernen Interpretationen häufig zu langsam wiedergegeben werden, abgesehen von extrem schnellen Tempi, die im 18. Jahrhundert nur selten vorkamen. Er plädiert folglich für eine ausgeglichene und moderate Tempowahl, fernab von Extremen.

Im Fall der dynamischen Gestaltung tritt Badura-Skoda hingegen für eine größere Differenzierung ein. Mit dem häufig verwendeten Praxis der

---

[26] Vgl. ders. S. 89. Laut den Abhandlungen von Johann Philipp Kirnberger hat jede Taktart ihr eigenes Tempo giusto.

[27] Vgl. hierzu Badura-Skoda S. 97f. Auch die folgenden Anmerkungen beziehen sich auf das Buch dieses Autors.

32

Terrassendynamik ist vorsichtig umzugehen, da dieser Begriff laut Badura-Skoda erst gegen Ende des 19. Jahrhunderts aufgekommen ist; er sollte nicht starr interpretiert werden, da es innerhalb einer dynamischen Einheit durchaus dynamische Veränderungen geben konnte.[28] Stellen mit Echodynamik allerdings, in der die Wiederholung eines Motivs leiser gespielt wird als beim ersten Mal, kommen bei Bach nur sehr selten vor. Da Bach häufig keine direkten dynamischen Angaben im Notentext machte, sieht Badura-Skoda die Kompositionen für Clavicymbel mit 2 Manualen, zu denen auch die *Goldberg-Variationen* zählen, als wichtigste Informationsquelle für die von Bach intendierte Dynamik an.[29] Da Bach hier dezidierte Angaben zum Spiel auf ein oder zwei Manualen gibt, lassen sich Rückschlüsse auf zu erzielende dynamische Unterschiede zwischen rechter und linker Hand machen. Bei den direkten dynamischen Vorgaben überwiegen bei Bach die Fortezeichen; sie stellen den Normalfall eines Satzbeginnes dar.[30] Dementsprechend bedeutet Vollstimmigkeit so gut wie immer forte. Ohnehin entspricht ein energisches und heiteres Spiel am ehesten

---

[28] S. 136.
[29] S. 138.
[30] Vgl. S. 140f.

dem Wesen und Lebensgefühl dieser Musik. So schreibt Badura-Skoda: «Schwächliches Säuseln paßt nun einmal nicht zu Bachs Musik. Im Zweifelsfall spiele man *forte* (aber bitte ein kantables *forte!*)».[31]

Was die Agogik angeht, so schreibt Badura-Skoda, dass das Metrum strenger noch als in der Klassik einzuhalten ist; denn das Halten des Metrums galt als größte Tugend eines Musikers.[32] Agogische Schwankungen, wie auch etwa Schluss-Ritardandi, waren weniger üblich als heute. Die Betonung im Takt auf der Eins beim 3/4-Takt und auf der Eins und der Drei beim 4/4-Takt muss beachtet werden; beim Cembalo lassen sich hier die unbetonten Noten nur verkürzt darstellen, da keine dynamische Differenzierung möglich ist.[33] Der Rhythmus ist am Anfang deutlicher zu markieren als im weiteren Verlauf eines Stückes, doch ist darauf zu achten, dass die Formteile – etwa viertaktige Perioden bei Tänzen – durch Atmen und kurzes Absetzen markiert werden.[34] Dieses Periodengefühl kann bei polyphonen Stücken durch eine komplementäre Rhythmik ergänzt werden, bei der die Akzente der einzelnen Stimmen nicht

---

[31] S. 141.
[32] S. 31f.
[33] S. 35.
[34] S. 37f.

34

zusammenfallen sondern zwischen den Stimmen hin und herspringen.[35] Die Forderung nach metrischer Genauigkeit relativiert Badura-Skoda durch den Hinweis, dass die stilisierten Tanzsätze im Barock diejenige musikalische Form waren, die sich zwischen metrischer Genauigkeit und Freiheit bewegten.[36]

Eine falsche Artikulation bei der Bach-Interpretation sieht Badura-Skoda als größten Fehler an, was auch etwa dann gegeben ist, wenn nur staccato oder nur legato gespielt wird, wie dies Glenn Gould häufig tat. Bach setzte einiges beim Spieler voraus und verzichtete meist auf Artikulationsangaben. Die wenigen Angaben, die er machte, können uns jedoch als Anregung für die restlichen Werke dienen.[37] Einige einfache Regeln, die Artikulation betreffend, lauten: Stufenschritte legato, größere Intervalle und Sprünge (insbesondere Oktaven) getrennt auszuführen; Bindung von Dissonanzen an ihre Auflösung ist üblich; Dreiklangsbrechungen meist non legato oder staccato artikulieren, gehende Bässe non legato.[38] Bachs Staccato ist nach Badura-Skoda nicht zu kurz zu spielen.

---

[35] S. 44.
[36] S. 80.
[37] S. 99f.
[38] S. 102ff.

Generell ist er der Meinung, dass mehr Legato Bachs Musik guttun würde.[39] Letztlich ist vieles, was die richtige Artikulation angeht, aus dem Notenbild selbst ableitbar, etwa anhand der Notengruppierung und Balkentrennung.[40]

Den hier gewonnenen kleinen Einblick in die historisch angemessene Ausführung einer Reihe von musikalischen Parametern (Tempo, Dynamik, Agogik und Artikulation) aus Sicht Paul Badura-Skodas wollen wir am Ende der Arbeit für einen kurzen Vergleich mit den zu untersuchenden Einspielungen nutzen.

5. Vorbilder

Kommen wir nun wieder zu unserem Vorhaben einer Interpretationsbetrachtung. Welche wissenschaftlichen Arbeiten können uns hierfür als Vorbilder dienen? Da alle Arbeiten, die mit exakten Messmethoden an die aufgenommene Musik herangehen aufgrund unseres Ansatzes prinzipiell wegfallen, sind wir auf diejenigen Veröffentlichungen beschränkt, die nur mithilfe des eigenen Gehörs Analysen und Vergleiche

---

[39] S. 121.
[40] S. 131.

36

von Interpretationen vornehmen. Hierzu wollen wir uns zwei wissenschaftliche Arbeiten genauer anschauen. Zum einen *A Beethoven Enigma* von Joanna Goldstein, zum anderen *Glenn Gould. Oder die Kunst der Interpretation* von Kevin Bazzana.[41] Beide Autoren beschäftigen sich mit der Interpretation von Klaviermusik, was aus Gründen der Anwendbarkeit auf unser Thema günstig ist, und beide arbeiten wissenschaftlich fundiert. Joanna Goldstein vergleicht in ihrem Buch drei Interpretationen der Klaviersonate Opus 111 von Ludwig van Beethoven. Kevin Bazzana dagegen beschränkt sich auf einen Interpreten und entwickelt eine ganze Interpretenästhetik, wobei ihm Aufnahmen als primäre Quelle dienen. Auf den ersten Blick besitzt das Buch Goldsteins eine nähere Verwandtschaft zu unserem Vorhaben, da es Interpretationen verschiedener Pianisten miteinander vergleicht. Zudem rückt Goldstein, wie wir, das Verstehensproblem ins Zentrum: «A more complete understanding of the music can be achieved by including actual performances as a basis for study through a

---

[41] Joanna Goldstein: A Beethoven Enigma. Performance Practice and the Piano Sonata, Opus 111. Kevin Bazzana: Glenn Gould. Oder die Kunst der Interpretation.

system of performance analysis which approaches music only in terms of music.»[42] Doch auch Bazzana hält wertvolle Anregungen für die Betrachtung von Interpretationen bereit und hat überdies natürlich einen der Interpreten, dessen Interpretation der *Goldberg-Variationen* von 1955 wir hier untersuchen wollen, zum Thema.

Neben diesen Arbeiten gibt es auch andere, zum Teil frühere Veröffentlichungen, die uns interessante Denkanstöße liefern. Zu nennen ist hier eine von Siegfried Borris herausgegebene Aufsatzsammlung aus den frühen 60er Jahren, die den Titel «Vergleichende Interpretationskunde» trägt.[43] In dieser argumentiert Borris in zwei eigenen Beiträgen gegen die Auffassung von einer objektiven und authentischen Interpretation. Er schreibt:

> «Die Relativierung der künstlerischen Authentizität ist eine vollendete Tatsache geworden. Die Vergleichbarkeit von Interpretationen, deren künstlerischer Rang über jeden Zweifel erhaben ist, und für die man früher das Prädikat

---

[42] Goldstein S. V.
[43] Siegfried Borris (Hg.): Vergleichende Interpretationskunde (=Veröffentlichungen des Instituts für Neue Musik und Musikerziehung Darmstadt Band 4).

«authentisch» gewählt hat (und auch weiterhin noch wählen dürfte), hat dazu geführt, daß wir heute Plurivalenzen anerkennen müssen, das Nebeneinanderbestehen unterschiedlicher Möglichkeiten höchstrangiger Interpretationen. Der Gegensatz zu ähnlichen Feststellungen aus früherer Zeit besteht darin, daß heute durch die Dokumentation jede künstlerische Interpretation im Detail fixierbar ist, und daß Elemente herausgelöst und genau gemessen werden können (z. B. bezüglich Tempo, Dynamik, Agogik usw.). Damit sind die eigentlichen Steuerungskräfte in der künstlerischen Projektion, was früher mit «Ausdruck» und «Beseelung» umschrieben wurde, präzise faßbar geworden. Diese Dislocierung musikalischer Details hat ein sozusagen logarithmisches Hören und ein stereophones Apperzipieren entwickelt, das gewiß dem naiven künstlerischen Erleben Abbruch tun kann, das aber bei unserem heutigen technisch orientierten Habitus nicht einfach übergangen werden darf.»[44]

Offensichtlich geht es also Borris um die exakte Messbarkeit verschiedener musikalischer Parameter, die zu

---

[44] Ders.: Gegensätzliche Authentizität in der Interpretation. Zur Grundlegung einer vergleichenden Interpretationskunde, S. 9, in: Vergleichende Interpretationskunde, S. 7-11.

einer präzisen Beschreibung der musikalischen Interpretation führen soll. Das Nebeneinanderstehen verschiedener hochrangiger Interpretationen zeigt dabei unterschiedliche Möglichkeiten der Ausführung ein und derselben Komposition auf. Durch ein viel genaueres Hören und Erfassen interpretatorischer Details, die sich durch die Reproduzierbarkeit der Musik ergibt, verändert sich die Musikwahrnehmung. Einzelne Elemente der Interpretation werden isolierbar. «In alledem zeigen sich neue Maßstäbe für die musikalischen Parameter, die nunmehr aus Raum, Zeit und Erleben isoliert sind und zur quantitativen Qualität werden. Es handelt sich hierbei also um eine Art «musikalische Anästhesie» und eine Erweiterung unserer bisherigen Hörprinzipien.»[45] Da eine objektive Interpretation eines Werks schlechterdings nicht möglich ist, stellt jede Interpretation ein Wagnis dar. Dies gilt im besonderen Maß für die Werke Johann Sebastian Bachs, da unser diesbezügliches aufführungspraktisches Wissen sehr beschränkt ist.[46] Dennoch gibt es Objektives, das vom Notentext vorgegeben wird. Daher plädiert Borris für eine Subjektivität des

---

[45] Ebd. S. 11.
[46] Ders.: Das Wagnis der Interpretation Bachscher Musik, in: Vergleichende Interpretationskunde, S. 15.

40

Interpreten, die sich dem Werk verpflichtet fühlt; er scheint den Ansichten Adornos recht nah zu sein, wenn er schreibt:

> «Das Objektive bildet gleichsam nur die Hygiene des Interpretierens! Es dient nur der Bereitstellung des Materials für die Interpretation, nicht aber als Verfahren der Darstellung selbst! Eine solche Verpflichtung der Interpretation auf eine objektive Vorbereitung und Ausstattung bildet nur die Gewähr dafür, daß das wesenhaft Subjektive in der Interpretation weder in Willkür noch in Dogmatismus ausarten kann.»[47]

Hier wird das prinzipielle Spannungsfeld deutlich, das bei der musikalischen Interpretation zwischen unzureichender Notation auf der einen Seite und geforderter Werktreue auf der anderen Seite besteht und das auch von Joanna Goldstein in ihrem Buch beschrieben wird.[48]

---

[47] Ebd. S. 21.
[48] Goldstein S. 9.

6. Methoden

Während man bei denjenigen Arbeiten, die klingende Musik mit exakten Messmethoden untersuchen von einem strengen methodischen Vorgehen sprechen kann, ist dies bei den Untersuchungen, die auf dem reinen Höreindruck beruhen, in der Regel nicht so leicht möglich. So auch bei Goldstein und Bazzana. Das heißt aber nicht, dass ein methodisch fundiertes Vorgehen von diesen Autoren nicht angestrebt wird. Die Schwierigkeit besteht vielmehr darin, Fixpunkte für so etwas wie eine wissenschaftliche Methode zu finden. Bei einem Vorgehen, das auf Messmethoden beruht, ist eine feste Basis in Form von gesicherten Daten gegeben auf der eine wissenschaftlich fundierte Auswertung aufbauen kann. Wenn aber die vorhandenen Daten nur auf dem selbst Gehörten beruhen und damit durch diese Subjektivität in ihrer Aussagekraft nicht so viel wert sind, dann ist die Wissenschaftlichkeit infrage gestellt – wir hatten dieses grundsätzliche Problem bereits benannt.

Joanna Goldstein sieht dieses Problem auch und versucht es zu lösen, indem sie sich auf die Suche nach einer möglichen Methode macht. Sie stellt dabei aber nicht den Anspruch, eine fertige Methode zu präsentieren, sondern will sie vielmehr im Laufe ihrer Arbeit erst entwickeln. «Perhaps by examining specific techniques of performance and studying various performances of musical works, we can develop a method to study the music that will minimize the problem and clarify the possibilities of its interpretation.»[49] Als eine Art Learning by Doing will sie durch das Hören von Musik das methodische Problem allmählich lösen und damit die Möglichkeiten und Potentiale musikalischer Interpretation aufzeigen. Hierzu stellt sie gleich zu Anfang ihrer Arbeit eine Liste von musikalischen Kategorien zusammen, die sie an den Aufnahmen untersuchen will. Die drei zu untersuchenden Aufnahmen sollen zunächst im Vergleich mit der Henle-Urtext-Ausgabe und dann untereinander mithilfe dieser «technical checklist» analysiert werden. Diese Liste enthält sechs Kategorien: 1. Tempo und Rhythmus, 2. Dynamik, 3. Betonung, 4. Artikulation, 5. Pedal und 6. Ornamentierung.[50] Die anvisierte Methode nennt Goldstein «a method for critical listening» – eine Methode für kritisches Hören. Diese Methode besteht aus einem aufmerksamen und

---

[49] Ebd. S. 10.
[50] Dies. S. VI.

kritischen Entlanggehen an der Musik anhand der technical checklist, wobei trotz größtmöglicher Genauigkeit nicht jede Nuance bestimmt werden muss, um die Vision eines Interpreten zu erkennen. Dies ist bei einem längeren Stück auch gar nicht möglich. Für die Frage, wie der Interpret die musikalische Form in der einzelnen Phrasierung und als Großform gestaltet, ist es auch sinnvoll, eine strukturelle Analyse des Werkes vorzunehmen.[51] Dies zeigt, dass Joanna Goldstein auch traditionelle Methoden der Musikwissenschaft in ihre Arbeit integriert. Mithilfe von strukturellen Analysen lässt sich etwa zeigen, dass Interpretationen in der Lage sind, strukturelle Mehrdeutigkeiten einer Komposition zu verdeutlichen, indem sie eine mögliche Lesart vertreten.[52]

Um ihre Methode eines kritischen Hörens näher zu umreißen, unternimmt Goldstein den Versuch, die für diese Methode wichtigen musikalischen Parameter zu definieren. Sie tut dies aus aufführungspraktischer Sicht und zeigt die Spektren innerhalb denen sich die sechs genannten Kategorien wie Tempo oder Dynamik bewegen und wie sie von uns im Einzelnen

---

[51] Dies. S. 112.
[52] Ebd. S. 11.

44

benannt werden können – also für die Dynamik etwa ein Spektrum vom dreifachem piano bis zum dreifachen forte. Hat man diese Kategorien für eine zu untersuchende Aufnahme erfasst, so zeigt sich allerdings, dass es starke Wechselwirkungen zwischen den verschiedenen Ebenen gibt; Goldstein nennt das Beispiel der Phrasierung, die sich als Folge verschiedener anderer Parameter ergibt. Zudem kommt zumindest ein wichtiges neues Element durch Zusammenwirken der verschiedenen interpretatorischen Elemente hinzu. Dies ist der Ton, der sich laut Goldstein aus Stimmführung, Dynamik und Artikulation ergibt.[53] Am Ende einer solchen Untersuchung steht eine möglichst umfassende Analyse der untersuchten Interpretation, die alle gewonnenen Erkenntnisse zusammenträgt und die über die reine Beschreibung dieser Interpretation hinausgeht; die Untersuchung soll so zu einem tieferen Verständnis der Interpretation führen: «It is, after all, in synthesizing all these factors that we may analyze and understand a performance or interpretation rather than simply describe it.»[54] Dieses tiefere Verständnis wird

---

[53] Dies. S. 49f.
[54] Ebd. S. 112.

möglich durch eine Zusammenschau der untersuchten Elemente – oder, wie Goldstein schreibt, Faktoren –, die sich gegenseitig beeinflussen und voneinander abhängen.[55] Es wird deutlich, wie ein Interpret die verschiedenen musikalischen Parameter einsetzt oder gestaltet um daraus eine stimmige Interpretation zu formen. Die Frage, warum ein Interpret diese oder jene interpretatorische Entscheidung fällt,

---

[55] Ebd. S. 51: «Specifically, it is this list of interpretive elements and techniques, described by artists as their means of creating an interpretation, which provides a tool for the listener to critically analyze a performer's interpretation – in relation to the score and to other artist's performances. It has been noted that these interpretive factors – tempo, rhythmic variation, dynamics, accentuation, articulation, pedaling, and ornamentation – do not truly function independently, but act upon each other and in concert to create phrasing, tone, and the combined effects which form the essential expressiveness of a performance. While it is this overall view which is our final goal in appreciating a musical interpretation, we can do so more completely by understanding the pianist's use of the specific techniques which contribute to forming the whole interpretation. In listening critically to interpretation, we may approach analysis from different levels beginning, as the pianist himself does, with the effect of the basic elements on lower architectonic levels of a work. As our listening involves larger sections of the music, our perception of these interpretive elements will evolve into an understanding of how, together, these elements are formed into an interpretation.»

lässt sich dann unter Umständen aus der Gesamtheit seines interpretatorischen Ansatzes ableiten.

Während Goldstein ihre Analyse mit den sechs Punkten jeweils immer an nur einer Interpretation vornimmt um dann erst zur nächsten überzugehen, behandelt Bazzana in seinem Buch einzelne musikalische Kategorien, indem er die verschiedensten Einspielungen Glenn Goulds als Beispiele heranzieht. Die untersuchten Parameter decken sich dabei zum Teil mit denen der Arbeit Goldsteins. Neben Glenn Goulds Verhältnis zum Klavier untersucht Bazzana: Kontrapunkt, Rhythmus (einschließlich Tempo), Dynamik, Artikulation und Phrasierung, Ornamentik und Aufnahmeästhetik. Sein Vorgehen ist zwar wissenschaftlich fundiert, eine direkte Methode wird allerdings nicht reflektiert. Dennoch kommt Bazzana zu weitreichenden Erkenntnissen zur musikalischen Interpretation Glenn Goulds. Deshalb muss die Frage erlaubt sein, ob eine wissenschaftliche Methode bei der Beschäftigung mit klingender Musik überhaupt notwendig ist. Kevin Bazzana scheint über keine solche Methode zu verfügen, kommt aber dennoch durch ein systematisches und nachvollziehbares Vorgehen zu weitreichenden, wissenschaftlichen

Ergebnissen. Joanna Goldstein ist immerhin um eine Methode bemüht, ist aber auch mehr auf der Suche nach ihr, als dass sie bereits über sie verfügt. Eine fertige Methode gibt es also für uns scheinbar nicht. Doch wir können immerhin so etwas wie ein methodisches Vorgehen mit auf den Weg nehmen, dass uns von diesen beiden Autoren vorgemacht wird: Ein kritisches Entlanggehen, beziehungsweise -hören an den Aufnahmen mit Blick auf bestimmte musikalische Parameter, wie sie von Goldstein und Bazzana untersucht worden sind.

II. DAS WERK

1. Entstehungsgeschichte

«Clavierübung, bestehend in einer Arie mit verschiedenen Veränderungen fürs Clavicimbel mit 2 Manualen. Nürnberg, bey Balthasar Schmid. Dieß bewunderungswürdige Werk besteht aus 30 Veränderungen, worunter Canones in allen Intervallen und Bewegungen vom Einklang bis zur None mit dem faßlichsten und fließendsten Gesange vorkommen. Auch ist eine regulaire 4-stimmige Fuge, und außer vielen andern höchst glänzenden Variationen für 2 Claviere, zuletzt noch ein sogenanntes Quodlibet darin enthalten, welches schon allein seinen Meister unsterblich machen könnte, ob es gleich hier bey weitem noch nicht die erste Partie ist.

Dieses Modell, nach welchem alle Variationen gemacht werden sollten, obgleich aus begreiflichen Ursachen noch keine einzige darnach gemacht worden ist, haben wir der Veranlassung des ehemaligen Russischen Gesandten am Chursächs. Hofe, des Grafen Kaiserling zu danken, welcher sich oft in Leipzig aufhielt, und den schon genannten Goldberg mit dahin brachte, um ihn von Bach in der Musik unterrichten zu lassen. Der Graf kränkelte viel und hatte dann schlaflose Nächte. Goldberg, der bey ihm im Hause wohnte, mußte in solchen Zeiten in einem Nebenzimmer die Nacht zubringen, um ihm während der Schlaflosigkeit etwas vorzuspielen. Einst äußerte der Graf gegen Bach, daß er gern einige Clavierstücke für seinen Goldberg haben möchte, die so sanften und etwas munteren Charakters wären, daß er dadurch in seinen schlaflosen Nächten ein wenig aufgeheitert werden könnte. Bach glaubte, diesen Wunsch am besten durch Variationen erfüllen zu können, die er bisher, der stets gleichen Grundharmonie wegen, für eine undankbare Arbeit gehalten hatte. Aber so wie um diese Zeit alle seine Werke schon Kunstmuster waren, so wurden auch diese Variationen unter seiner Hand dazu. Auch er hat nur ein einziges Muster dieser Art geliefert. Der Graf nannte sie hernach nur *seine* Variationen. Er konnte sich nicht satt daran hören, und lange Zeit hindurch hieß es nun, wenn schlaflose Nächte kamen: Lieber Goldberg, spiele mir doch eine von meinen Variationen.»

Diese Schilderung von der Entstehung des vierten Teils der Klavierübung von Johann Sebastian Bach stammt aus der 1802 erschienenen Bach-Biographie Johann Nicolaus Forkels.[56] Sie bestimmte in nicht

---

[56] Johann Nikolaus Forkel: Über Johann Sebastian Bachs Leben, Kunst und Kunstwerke, S. 89f.

unerheblichem Maß alle späteren Vermutungen zur Entstehung dieses Werkes und führte zu dessen späterer Bezeichnung als *Goldberg-Variationen*. Tatsächlich ist aber über die Entstehungsgeschichte der *Aria mit verschiedenen Veränderungen*, wie der ursprüngliche Titel des Werkes lautete, nur recht wenig bekannt. Wir wissen mit einiger Sicherheit, dass es 1741 oder 42 bei Balthasar Schmid in Nürnberg als *Clavierübung* zum ersten Mal im Druck erschien. Umstritten ist allerdings, ob das Werk tatsächlich auf Veranlassung des Grafen Hermann Carl von Keyserlingk komponiert worden ist, wie es Johann Nikolaus Forkel in seiner Bach-Biographie dargestellt hat. Christoph Wolff etwa ist der Ansicht, «daß die sogenannten *Goldberg-Variationen* nicht als Auftragswerk entstanden, sondern von Anfang an in das Gesamtkonzept der *Clavier-Übung* eingebunden waren und deren grandioses Finale darstellen».[57] Er führt an, dass eine damals übliche formelle Widmung fehlt und dass der 1741 erst 14-jährige Cembalist Johann Gottlieb Goldberg dem anspruchsvollen Werk nicht gewachsen gewesen sein könne. Andere Autoren, wie etwa Ingrid und Helmut

---

[57] Christoph Wolff: Johann Sebastian Bach, S. 406.

Kaußler, versuchen im Sinne von Forkels Darstellung zu argumentieren.[58] Sie ziehen die Möglichkeit in Betracht, dass Graf Keyserlingk keine Widmung gewünscht habe und zweifeln damit das wichtigste, von Wolff schon im Kritischen Bericht der Neuen Bachausgabe vorgebrachte, Gegenargument an.[59] Auch dass Goldberg zu jung für das schwierige Werk gewesen sein soll bezweifeln sie. Sie bringen vor, dass Bach dem jungen Cembalisten ein Werk zum Hineinwachsen komponiert haben könnte, das auf dessen spezielle Bedürfnisse zugeschnitten war.[60] Auch Rolf Dammann geht in seiner umfangreichen Untersuchung der *Goldberg-Variationen* von der Richtigkeit der Schilderungen Forkels aus.[61] Letztlich bleibt aber die Frage nach dem Entstehungsanlass des Werkes offen – es lässt sich nicht mit Sicherheit sagen, ob die Komposition ein Auftrag Keyserlingks war oder aus eigener Initiative Bachs entstanden ist.

---

[58] Vgl. Ingrid und Helmut Kaußler: Die Goldberg-Variationen von J. S. Bach, Stuttgart 1985, S. 29f.
[59] Siehe Christoph Wolff: Kritischer Bericht zur Neuen Bachausgabe sämtlicher Werke Joh. Seb. Bachs, NBA V/2, S. 112.
[60] Siehe Kaußler, S. 31.
[61] Siehe Rolf Dammann: Johann Sebastian Bachs «Goldberg-Variationen», S. 18.

Ebenso im Dunkeln bleiben wir über die Entstehungszeit des Werkes. Heinz Hermann Niemöller vermutet, dass Bach die Arbeit an ihm möglicherweise bereits zwischen 1733 und 1736 begonnen hat. Als Bach 1736 jedoch auf Betreiben Graf Keyserlingks den Hoftitel bekam, legte er die Arbeit nieder, da das Werk nach Ansicht Niemöllers ursprünglich der Erlangung dieses Titels dienen sollte. Dass das Werk dann erst 1741 vollendet wurde, spricht für eine längere Pause zwischen 1736 und 1740/41.[62] Niemöller geht davon aus, dass Bach im November 1741 Graf Keyserlingk ein Exemplar der Variationen überreichte, gleichsam als Dank für dessen tatkräftige Hilfe bei der Erlangung des Hoftitels. Wenn ein Zusammenhang zwischen Bachs Bestreben auf den Titel des sächsischen Hofkomponisten und der Entstehung des Variationenwerkes bestand, so fiele der Beginn der Kompositionsarbeit in die Zeit vor 1736 und hätte mit dem erst 1727 geborenen Goldberg wohl ursprünglich nichts zu tun. Erst in der von Niemöller

---

[62] Vgl. Heinz Hermann Niemöller: Polonaise und Quodlibet, der innere Kosmos der Goldberg-Variationen, in: Heinz-Klaus Metzger und Rainer Riehn (Hg.): Johann Sebastian Bach. Goldberg-Variationen (=Musik-Konzepte 42), S. 22.

angenommenen zweiten Phase 1740/41, in der Keyserlingk mit seinem Cembalisten Goldberg mehrere Male zu Bach nach Leipzig kam, könnte der Bezug zur Person Goldbergs entstanden sein, möglicherweise sogar die Entscheidung gefallen sein, die Arbeit an dem unvollendeten Zyklus überhaupt wiederaufzunehmen.[63] Ingrid und Helmut Kaußler dagegen gehen in ihrem Buch davon aus, dass Bach die Variationen im Winter 1740/1741 in einem Zug komponierte, um, wie Forkel schreibt, der Schlaflosigkeit Keyserlingks Abhilfe zu verschaffen, indem der junge Goldberg ihm nachts daraus vorspielen sollte.[64]

Die These Werner Breigs ist, dass es während der Kompositionsarbeit eine grundlegende Änderung im zyklischen Aufbau des Werkes gegeben hat, was für eine zumindest etwas längere Entstehungszeit spricht. Breig nimmt an, dass Bach den Zyklus ursprünglich als Reihe von 24 Variationen konzipiert hatte.[65] Dies erscheint vor dem Hintergrund der durch die Intervalle fortschreitenden Kanons plausibel. Der Kanon in der Oktave, Variation 24, bildet einen organischen

---

[63] Ders., S. 22f.
[64] Kaußler, S. 31.
[65] Werner Breig: Bachs Goldberg-Variationen als zyklisches Werk, in: AfMw 32, 1975, Heft 4, S. 252.
54

und logischen Abschluss in dem stufenweisen Gang durch die einzelnen Intervalle. Zudem lassen sich häufig vermutete Symmetrieverhältnisse innerhalb des Zyklus auf diese Weise erklären: Quart- und Quintkanon (also die Variationen 12 und 15) bilden die Mitte der jeweils komplementären Intervallpaare, um das sich spiegelsymmetrisch Terz- und Sextkanon (Variation 9 und 18), Sekund- und Septimkanon (Variation 6 und 21) sowie Prim- und Oktavkanon (Variation 3 und 24) ranken.[66] Nach dieser Theorie fiel der Entschluss, einen Zyklus von 30 Variationen zu schaffen, erst später. Bach setzte dann eine Ouvertüre in die Mitte des Werkes, die ursprüngliche und vollkommen symmetrische Konzeption wurde dadurch verdeckt. Peter Williams hält Breigs These für plausibel, macht aber auch deutlich, dass es sich bei allen Überlegungen zur Entstehungsgeschichte dieses Werkes um bloße Hypothesen handelt.[67] Für uns sind diese Hypothesen zur Entstehung jedoch interessant, da sie eng mit der Frage der inneren Gliederung des Werkes verbunden sind. Diese wiederum führt uns zum Charakter der

---

[66] Ders. S. 253.
[67] Siehe Peter Williams: Bach: The Goldberg Variations, S. 29.

einzelnen Variationen und somit zu der Frage, wie sie musikalisch zu interpretieren sind.

2. Aufbau

Die musikwissenschaftlichen Veröffentlichungen zum Thema *Goldberg-Variationen* sind nicht ganz so zahlreich wie die zu anderen bekannten Werken Bachs, wie etwa dem *Wohltemperierten Klavier* oder der *Kunst der Fuge*. Auffällig ist dabei, dass sich die Mehrzahl von ihnen verstärkt dem Aufbau und der inneren Gliederung der Variationen widmet, wogegen nur wenige eine detailliertere Analyse der einzelnen Variationen vornehmen.[68] Wir wollen uns daher ebenfalls auf diesen wichtigen Aspekt der Gliederung des Werkes konzentrieren, indem wir uns anschauen, zu welchen Ergebnissen die einzelnen Autoren kommen.[69] Im

---

[68] Die Monographie von Dammann stellt hier eine Ausnahme dar, weil er jede einzelne Variation einer detaillierten strukturellen Betrachtung unterzieht.

[69] An die Frage des Aufbaus der *Goldberg-Variationen* schließt sich das Problem an, was in ihnen überhaupt variiert wird und natürlich, wie dies geschieht. Zwar scheint die einhellige Meinung der Forscher zu sein, dass die Variationen über den 32-taktigen Themenbass der Arie variieren, doch gibt es zumindest eine Stimme, die dies bezweifelt. Günter Hartmann geht in seinem Buch

Zusammenhang mit dem Aufbau des Werkes stellt sich die Frage, ob die Variationen einzelnen Satztypen der Bachzeit zugeordnet werden können. Die so zusammengetragenen Ergebnisse der wissenschaftlichen Beschäftigung mit diesem Werk sollen dann als Hintergrund bei der Interpretationsbetrachtung dienen. Etwa bei der Beantwortung von Fragen wie: Lassen sich diese wissenschaftlichen Ergebnisse durch die Interpretationen bestätigen? Wird die innere Gliederung des Werkes durch die Interpretationen deutlich? Und: Legen die Interpretationen ein bestimmtes Verständnis der einzelnen Variationen als charakteristische Satztypen nahe?

Über den grundsätzlichen Aufbau des Werkes gibt es in den Untersuchungen eine große Übereinstimmung. Im Allgemeinen werden zwei Gliederungsprinzipien im Aufbau der *Goldberg-Variationen* angenommen:

«Bergamasca-Variationen? oder *Das aus dem Rahmen fallende Quodlibet*. Materialien zur Geschichte und Auflösung eines fundamentalen Irrtums über Bachs sog. Goldberg-Variationen (BWV 988)» von der These aus, dass das musikalische Material des *Quodlibets* die Grundlage der Variationen bildet. Seine Analysen bringen jedoch nicht genügend Anzeichen zum Vorschein, um den Leser von dieser interessanten These zu überzeugen.

Zum einen die Dreiergruppierung der Variationen, die sehr deutlich daran erkennbar ist, dass jede dritte Variation ein Kanon ist. Zum anderen an der Zweiteiligkeit des Werkes, markiert durch die Variation 16 als *Ouverture* der zweiten Hälfte der Variationen.[70] Wenn man das Vorhandensein der neun Kanons im Dreierabstand und die Variation 16 als Ouverture als zwei Gliederungsprinzipien des Werkes anerkennt, die sich nicht widersprechen, sondern ergänzen, dann ist es folgerichtig anzunehmen, dass die Kanons das jeweilige Ende einer jeden Dreiergruppe bilden; ansonsten würde die Zweiteilung eine Dreiergruppe zerschneiden. Wir haben so eine zehnmalige Folge von drei Variationen vor uns, deren sechste Gruppe durch eine Ouvertüre eingeleitet wird; also zweimal fünf Folgen von drei Variationen. Die 30 Variationen lassen sich aufgrund ihrer Dreiergruppierung jedoch ebenfalls als drei Folgen von zehn gleichartigen Variationen auffassen; besonders deutlich wird dies freilich im Falle der dritten Position, den Kanons. Untermauert wird diese Lesart von dem Umstand, dass Bach innerhalb

---

[70] Siehe W. Breig: S. 246 und S. 248. A. Traub: Johann Sebastian Bach. Goldberg-Variationen BWV 988 (=Meisterwerke der Musik Heft 38), S. 27. H. H. Niemöller S. 7f. R. Dammann S. 70f. P. Williams S. 40.

58

dieser quer durch das Werk verlaufenden Zehnergruppen niemals dieselbe Taktart wiederholt.[71] Interessant ist auch die Übereinstimmung von Gesamtanlage des Werkes mit derjenigen der einzelnen Variation: Zweimal 16 Stücke entsprechen im Kleinen zumeist zweimal 16 Takten in der Aria und den Variationen.

Die Zweiteiligkeit des Werks zeigt sich nach Andreas Traubs Interpretation überdies in Entsprechungen einzelner Sätze des ersten und zweiten Teils: die Variationen 10 und 22 sind beide vierstimmig gesetzt, die Nummern 13 und 25 besitzen eine stilistische Nähe zur Aria, 4 und 19 stehen beide im 3/8-Takt und die Variationen 7 und 26 sind ebenfalls stilistisch verwandt.[72] Mit dieser Interpretation lässt sich sagen, dass sich in der zweiten Hälfte der 30 Variationen einiges von dem wiederholt, was in ähnlicher Form schon in der ersten Hälfte vorhanden ist. Eine ähnliche Parallele zwischen den Variationen der ersten und zweiten Hälfte des Werkes sehen auch Ingrid und Helmut Kaußler, wobei sich ihre Interpretation

---

[71] Siehe Dammann S. 73.
[72] Traub S. 28.

lediglich in einem Punkt mit derjenigen Traubs deckt; der Parallele zwischen Variation 13 und 25.[73]

Da es sich bei dem jeweils letzten Stück der zehn Dreiergruppen – mit Ausnahme der letzten, die in das *Quodlibet* mündet – um einen Kanon handelt, liegt der Gedanke nicht fern, ähnliche satztechnische oder stilistische Gemeinsamkeiten für die Variationen anzunehmen, die an der jeweils ersten, beziehungsweise zweiten Position der Dreiergruppen stehen. Dies macht in besonders deutlicher Weise Heinz Hermann Niemöller, der die Gruppe der an erster Stelle stehenden Variationen als «suitensatzähnliche Variationen»[74] bezeichnet und die an zweiter Stelle stehenden gar als «virtuose Polonaisen»[75]. Zudem sieht er die Variationen der dritten Position als «neun Canons in suitensatzähnlichem Duktus»[76], das heißt auch sie sind seiner Meinung nach den verschiedenen Charakteren von Suitensätzen angelehnt – etwa durch die Wahl der Taktarten und eine bestimmten rhythmische Struktur –, wodurch sie sich bruchlos in den Verlauf des

---

[73] Kaußler S. 229.

[74] Siehe Niemöller S. 9.

[75] Ders. S. 15. Er sieht in den Variationen der Mittelgruppe den charakteristischen Polonaisencharakter vertreten.

[76] Ders. S. 12.

60

Werkes einfügen. Sicherlich geht diese Interpretation recht weit, und wir werden noch zu fragen haben, wie Niemöller zu dieser Deutung kommt. Auch Werner Breig sieht die jeweils an erster Stelle stehenden Variationen als Nachbildungen von Suitensatztypen, die an zweiter Stelle stehenden jedoch als couranteartige Stücke. In einigen Kanons erkennt Breig Tanztypen, hierin Niemöllers Einschätzung nicht unähnlich.[77] Peter Williams sieht die Dreiergruppen als eine Folge von Tanz- oder Genrestück an erster, einem arabeskartigen Stück an zweiter und einem Kanon an letzter Stelle.[78]

Bei der konkreten Zuordnung der einzelnen Variationen zu Suitensatztypen geht wiederum Heinz Hermann Niemöller am weitesten. Die jeweils ersten Variationen lassen sich nach seinem Vergleich mit Stücken aus Bach-Suiten annäherungsweise als folgende Satztypen bezeichnen: Nr. 4 als Passepied, Nr. 7 als Gigue, Nr. 10 als Verschmelzung von Fughetta und Gavotte, Nr. 13 als Sarabande , Nr. 16 als französische Ouverure, Nr. 19 als Passepied oder Polonaise, Nr. 22 als kontrapunktische Gavotte (Alla breve) und

---

[77] Siehe Breig S. 246f.
[78] Williams S. 40.

Nr. 25 wiederum als Sarabande.[79] Die an zweiter Stelle stehenden Stücke sieht er, wie gesagt, als Polonaisen. Und auch die Kanons tragen für ihn Züge bestimmter Suitensätze: Nr. 3 Gigue, Nr. 6 Courante, Nr. 9 Air, Nr. 12 Polonaise, Nr. 15 langsame Allemande, Nr. 18 Gavotte, Nr. 21 Air, Nr. 24 Courante und Nr. 27 Gigue.[80]

Lassen sich nun aber diese Suitensatztypen beim Hören der *Goldberg-Variationen* als solche erkennen? Diese Frage wird uns noch beschäftigen. Zu vermuten ist, dass dies von der jeweiligen musikalischen Interpretation abhängig ist. Wahrscheinlich lassen sich aber die verschiedenen Satztypen vom Hörer eher erkennen, als die hier dargelegten inneren Prinzipien des Werkaufbaus. Deswegen unterscheidet Peter Williams zwischen zwei Formen oder Gliederungen des Werkes: einer konzeptgemäßen, wie wir sie hier anhand von Untersuchungen zu BWV 988 dargelegt haben und einer wahrnehmungsgemäßen wie man sie beim Hören auffasst. Diese wahrnehmungsgemäße Form – Williams spricht von «perceptual shape» – zeichnet sich durch ein Fortschreiten der Variationen in

---

[79] Niemöller S. 9ff.
[80] Ders. S. 13.

62

großen Kontrasten aus, wobei einige kleinere Höhepunkte erreicht werden, bis die Musik mit der langsamen Moll-Variation Nr. 25 zu einem Tiefpunkt hinabsinkt, um dann noch einmal eine große Steigerung zum Ende hin zu erfahren.[81] Nach Williams Ansicht werden die meisten Interpreten einen solchen Ansatz wählen, wenn sie das Werk spielen und weniger das hier dargelegte Kompositionsgerüst berücksichtigen. Ob dem im Falle der von uns gewählten sechs Interpreten so ist, wird sich im weiteren Verlauf noch zeigen.

3. Deutung

Die besondere kompositionsgeschichtliche Bedeutung der *Goldberg-Variationen* wird von vielen Autoren darin gesehen, dass sie an der Schwelle zum Spätwerk Bachs stehen, wie etwa Andreas Traub es ausdrückt.[82] Mit den Spätwerken – namentlich den *Kanonischen Veränderungen*, dem *Musikalischen Opfer* und der *Kunst der*

---

[81] Vgl. Williams S. 40.
[82] Traub S. 12. Siehe aber auch Niemöller S. 5 und Kaußler S. 13.

Fuge – haben die Variationen eine intensive Beschäftigung mit der Kanontechnik gemeinsam. Sie kann als Anzeichen für die damalige Musikanschauung, die die musikalische Gelehrsamkeit vor die praktische Musikausübung stellte, gesehen werden. In diesen späten Werken versuchte Bach demnach die Musik als *ars* zu ergründen und zu zeigen, dass er ein gelehrter *Musicus* war.[83] In den *Goldberg-Variationen* ist demnach insbesondere die Reihe der Kanons als ein Beweis der Gelehrsamkeit des Komponisten zu verstehen. Der Kanon lässt sich gleichzeitig aber auch als Abbild des Kosmos auffassen, wie es von Giovanni Battista Vitali in den *Artifici musicali* von 1689 dargestellt wurde.[84] David Humphreys versucht eine solche kosmologische Deutung der *Goldberg-Variationen*, indem er einzelnen Variationen Planeten und deren Eigenschaften zuordnet.[85] In einem ähnlich universellen Sinn äußern sich Ingrid und Helmut Kaußler, wenn sie schreiben, die späten Werke Bachs wendeten sich gleichsam von der Welt ab und ganz der reinen Musik und ihren Gesetzmäßigkeiten zu und öffneten sich damit auch

---

[83] Traub S. 7f.
[84] Ders. S. 10.
[85] Peter Humphreys: More on the Cosmological Allegory in Bach's Goldberg Variations, in: Soundings 12 (1984-85), S. 25-45.

«höheren Welten».[86] Und Werner Breig spricht von einer Konzentration auf musikalische Gesetzmäßigkeiten, wenn er im Bezug auf die acht Kanons vom Einklang zur Oktave schreibt: «Die Form der Goldberg-Variationen als zyklisches Werk ist also das geordnete Material selbst».[87]

Über ähnliche Kompositionen, die Vorläufer der *Goldberg-Variationen* waren und Bach möglicherweise als Vorbild gedient haben, wurde in der Forschungsliteratur einiges geschrieben. Wir wollen diesen Aspekt hier jedoch unbehandelt lassen, da er mit unserer Fragestellung wenig zu tun hat. Einige Autoren sehen allerdings in den *Goldberg-Variationen* ein stark progressives Element, mit dem Bach in die musikalische Zukunft weist. Durch diese Sichtweise lässt er sich nicht nur als der Vollender einer Epoche, sondern auch als Wegbereiter der Musikgeschichte verstehen.[88] Martin Zenck sieht BWV 988 als Modell für Beethovens *Diabelli-Variationen* und zeigt eine Reihe von Parallelen zwischen beiden Werken auf.[89] Er führt damit quasi

---

[86] Kaußler S. 13.
[87] Siehe Breig S. 264.
[88] Siehe etwa Kaußler S. 12.
[89] Martin Zenck: «Bach der Progressive». Die Goldberg-Variationen in der Perspektive von Beethovens Diabelli-

eine Aussage Albert Schweitzers zu den *Goldberg-Variationen* näher aus, in der es heißt: «Von allen Werken des Meisters nähert sich keines dem modernen Klavierstil so wie dieses. Die vorletzte und die vorvorletzte Variation würde jeder Unbefangene, schon rein nach dem äußeren Notenbild, unter die letzten Klavierwerke Beethovens versetzen, wenn die Bachsche Autorschaft nicht feststünde».[90]

Einige Arbeiten gehen von einer verborgenen und geheimen Bedeutung des Werkes aus. Zahlenmystische und theologische Deutungen gehen dabei ineinander über, wie es bei Bernhard Kistler-Liebendörfer, Hertha Kluge-Kahn und Ingrid und Helmut Kaußler zu beobachten ist.[91] Eine Deutung, die sehr stark mit der Entstehungsgeschichte des Werkes verbunden ist, ist hingegen die von Heinz Hermann Niemöller. Darin geht er von der besonderen Bedeutung der ersten und letzten Variation des Werkes aus. In seiner Deutung bezeichnet Niemöller die Variation 1 und 30 als «Signatur-Variationen», denn sie stehen seiner

---

Variationen, in: Musik-Konzepte 42, S. 92.
[90] Albert Schweitzer: Johann Sebastian Bach, S. 282.
[91] Bernhard Kistler-Liebendörfer: Vom Wirken der Zahl in J. S. Bachs Goldbergvariationen. Hertha Kluge-Kahn: J. S. Bach. Die verschlüsselten theologischen Aussagen in seinem Spätwerk.

66

Meinung nach für Bachs Titel als königlich polnisch-sächsischer Hofkompositeur. Er sieht die Variation 1 als Polonaise, die für Polen steht, während das *Quodlibet* mit seinen thüringisch-sächsischen Volksweisen musikalisch das Land Sachsen repräsentiert.[92] In dieser Weise lassen sich auch die Kanons als Signatur für den Thomaskantor Bach verstehen, sowie die höfischen Suitentanzformen als Symbole für den Hof. Die drei Gruppen der *Goldberg-Variationen* – bei Niemöller Suitensätze, Polonaisen und Kanons – sind demnach als musikalische Umschreibungen der Ämter des Komponisten zu verstehen, so wie die Anfangs- und Schlussvariation für den Anlass der Komposition dieses Werkes stehen; der Verleihung des Hofkomponistentitels.

Eine andere Deutung, die mit der Entstehungsgeschichte zusammenhängt, geschieht in Anlehnung an Forkels Bericht, die Variationen seien von Bach als Mittel gegen die Schlaflosigkeit Graf Keyserlingks komponiert worden. So versuchen Ingrid und Helmut Kaußler nachzuweisen, dass die von Bach gewählten musikalischen Mittel ausgezeichnet zu diesem Zweck

---

[92] Niemöller S. 18.

geeignet sind, das Werk mithin also zu diesem Zweck entstanden ist.[93] Natürlich ist es verlockend auf die Anekdote Forkels einzugehen und die *Goldberg-Variationen* als eine quasi therapeutische Musik zu deuten, die als Heilmittel gegen Schlaflosigkeit wirksam ist. Es lässt sich allerdings einwenden, dass Forkels Version der Entstehung des Werkes eher dem romantisch-biedermeierlichen Geschmack der Zeit entspricht, dem Kunstverständnis Bachs hingegen widerspricht.[94] Umso zweifelhafter ist es, dass die Anekdote immer wieder herangezogen wird, wenn von diesem Werk die Rede ist; dies zeigt, dass sie eine wirksame und überzeugende Art der Ausdeutung musikalischen Sinns anbietet. Auch Albert Schweitzer scheint in dem Werk einen entsprechenden Gehalt zu sehen, wenn er von einer sanften und tröstenden Heiterkeit spricht, die in den Variationen stecke.[95]

Letztlich scheint es besser zu sein, den musikalischen Sinn dieses Werkes nicht allzu konkret benennen zu wollen. Adäquater als die konkreteren Deutungsversuche ist wohl die Ansicht Peter Williams, in diesem Werk begegne uns eine Erfahrungswelt, die uns ohne

---

[93] Kaußler S. 31.
[94] Vgl. Niemöller S. 4f.
[95] Siehe Schweitzer S. 282.

68

dessen Kenntnis unbekannt geblieben wäre; eine Welt, die man nicht mit Worten beschreiben kann.[96] Den Interpretationen, die wir hier untersuchen wollen, liegen zweifellos ebenfalls unterschiedliche Deutungen des Werkes zugrunde. Es stellt sich die Frage, ob dieses jeweilige Verständnis hörbar ist und ob es sich mit den Deutungen der Wissenschaftler in irgendeiner Weise deckt.

---

[96] Williams S. 2.

III. DIE INTERPRETEN

1. Wanda Landowska

Wanda Landowska ist die älteste von den sechs Interpreten, mit denen wir uns in diesem Kapitel beschäftigen wollen. Die Angaben über ihr Geburtsjahr widersprechen sich. Nach eigener Auskunft wurde sie am 5. Juli 1879 in Warschau geboren.[97] Als Kind einer gebildeten, großbürgerlichen Familie erhielt sie ab dem fünften Lebensjahr Klavierunterricht. Sie zeigte außerordentliches Talent und bekam bald Unterricht am Warschauer Konservatorium. Bereits 1896 begann sie ein Kompositionsstudium an der Berliner Musikhochschule. Im Jahr 1900 emigrierte sie dann nach Paris, wo sie zum ersten Mal mit dem Cembalo in Berührung kam. 1912 wurde von ihr auf dem Bachfest in Breslau ein nach ihren Vorstellungen von der Firma Pleyel gebautes Cembalo vorgestellt, das den Instrumenten, so wie Johann Sebastian Bach sie kannte und benutzte, nachempfunden sein sollte. Im folgenden Jahr erhielt Landowska an der Berliner

---

[97] Siehe Bernard Gavoty: Wanda Landowska (aus der Reihe: Die großen Interpreten), S.6.

Musikhochschule eine Professur für Cembalo. Nach Ende des Ersten Weltkriegs ging sie wieder zurück nach Paris, wo sie 1925 eine Schule für Alte Musik in Saint-Leu bei Paris gründete. In den zwanziger Jahren entstanden auf ihre Anregung hin eine Reihe von Kompositionen für Cembalo, so etwa 1926 das *Konzert für Cembalo und mehrere Instrumente* von Manuel de Falla und 1929 das *Concert Champêtre* für Cembalo und Orchester von Francis Poulenc. 1933 spielte sie zum ersten Mal die gesamten *Goldberg-Variationen* im Konzert, im selben Jahr erschien ihre Interpretation auch als erste Schallplattenaufnahme dieses Werkes. Nach Ausbruch des Zweiten Weltkriegs ging Landowska 1941 in die USA, wo sie sich zunächst in New York, später dann in Lakeville, Connecticut niederließ. 1945 erschien von ihr eine zweite Einspielung der *Goldberg-Variationen*, der wir uns in dieser Arbeit widmen wollen. Wanda Landowska starb am 16. August 1959 in Lakeville im Alter von 80 Jahren.

Bei der Wiederentdeckung und Verbreitung des Cembalos in der ersten Hälfte des 20. Jahrhunderts spielte Wanda Landowska eine ganz entscheidende Rolle. So schreibt Martin Elste: «Die Landowska ist die Stammmutter der Cembalo-Renaissance. Viele bedeutende

Cembalisten unserer Zeit sind ihre Schüler oder Enkelschüler.»[98] Dass heute das Cembalo als idealtypisches Instrument für Bachs Klaviermusik gilt, ist Wanda Landowskas Verdienst. Zwar spielte schon Ignaz Moscheles in den 1830er Jahren Werke von Johann Sebastian Bach auf einem Cembalo, doch ansonsten herrschte der moderne Hammerflügel im weiteren Verlauf des 19. Jahrhunderts vor. Bachs Musik, häufig auch Bearbeitungen seiner Orgelwerke, wurde an das moderne Instrument und an den großen Konzertsaal angepasst. Ferrucio Busoni ist hierfür ein bekanntes Beispiel. Andere Interpreten, wie etwa Artur Schnabel, verzichteten indes ganz auf den Vortrag Bachscher Klaviermusik im Konzertsaal.[99] Mit dem Aufkommen des Cembalos fällt auf, dass es anfangs vor allem Frauen waren, die sich an diesem Instrument profilierten. Martin Elste sieht hier einen kulturspezifischen Unterschied: Männliche Interpreten standen für ein ausdrucksvolles Spiel auf dem

---

[98] Siehe Martin Elste: Nostalgische Musikmaschinen. Cembali im 20. Jahrhundert, in: Kielklaviere. Cembali, Spinette, Virginale, hg. vom Staatlichen Institut für Musikforschung Preußischer Kulturbesitz, S. 252f.
[99] Vgl. Martin Elste: Meilensteine der Bach-Interpretation 1750-2000. Eine Werkgeschichte im Wandel, S. 336ff.

modernen Flügel, weibliche für eine mehr objektive Interpretation auf dem Cembalo.[100] Dennoch war Wanda Landowska am Klavier ausgebildet und durch und durch Solistin. Dass sie sich auch als solche verstand, zeigt der Umstand, dass sie für das Continuo-Spiel nichts übrighatte. So ist die 1944 entstandene Aufnahme der Sonate für Violine und Cembalo Nr. 3 E-dur, BWV 1016 mit Yehudi Menuhin auch die einzige, in der sie sich unterordnet und eine Begleitung übernimmt.

Aus der Sicht historischer Aufführungspraxis entsprechen freilich weder die damaligen Cembali noch die Spielweise von Wanda Landowska heutigen Vorstellungen von historischer Authentizität. So war bei ihr die ganze Behandlung des Instruments auf schnelle Register- und Manualwechsel hin orientiert. Dementsprechend war auch das von Pleyel gebaute Cembalo konstruiert: es verfügte über eine Reihe von Pedalen zum raschen Einstellen der verschiedenen Registerkombinationen auch während des Spiels. Obwohl dieses Instrument mit zwei 8-Fuß-Registern, einem 4-Fuß- und einem 16-Fuß-Register durchaus der

---

[100] Ebd. S. 339.

Disposition der von Johann Sebastian Bach benutzten Instrumente entspricht, bestehen gravierende klangliche Unterschiede. Diese beruhen unter anderem auf der schweren Bauweise mit Gusseisenrahmen und dem großen Tonumfang von fünf Oktaven; beides Eigenschaften, die dem modernen Flügel entliehen sind.[101] So ist das von Pleyel gebaute Instrument eine hybride Konstruktion zwischen modernem Klavier und Cembalo. Wanda Landowska machte sich hierüber auch keine Illusionen. «Es war ihr durchaus bewußt, daß das Pleyel-Cembalo mit seinen Registrierungsmöglichkeiten die Klangpalette des Barock weit überstieg», schreibt Martin Elste und beruft sich dabei auf Aussagen der Cembalistin. Weiter heißt es: «Philologisches Quellenstudium war für sie nur ein Baustein der Interpretation. Hinzu kamen analytische Studien und das Potential ihrer ganz persönlichen Erfahrung als Künstlerin.» [102] Demnach ging es Landowska gar nicht um eine größtmögliche historische Authentizität, denn die eigene künstlerische Interpretation hatte große Bedeutung. Dies verwundert nicht, wenn man bedenkt, dass Wanda Landowska

---

[101] Siehe Klaus Peter Richter: Goldberg und die Folgen, in: fono forum 1985, Heft 8, S. 23.
[102] Elste: Nostalgische Musikmaschinen, S.254f.

74

eine Musikerin war, die noch sehr stark von den musikalischen Traditionen des 19. Jahrhunderts geprägt war. Die Musik Chopins spielte in ihrer pianistischen Ausbildung eine herausragende Rolle sowie allgemein die romantisch-subjektive Interpretationsweise von Musik. Diese Tradition ist es, die in den Interpretationen Wanda Landowskas zum Tragen kommt, selbst wenn es sich um Aufnahmen barocker Werke handelt. So schreibt John Pfeiffer: «She played with the individualism of the interpretative genius, and her instinct and cultural influences were strongly romantic.»[103]

Im Jahre 1933 – also im selben Jahr als sie die *Goldberg-Variationen* zum ersten Mal aufnahm – schrieb Wanda Landowska einen Text über dieses Werk.[104] Dort baut sie ihr Bild von BWV 988 auf der Forkelschen Anektote von den Schlafstörungen des Grafen Keyserlingk auf. Sie schreibt aber auch, dass Keyserlingks Kompositionsauftrag für Bach nur ein willkommener Anlass war, gerade dieses Werk zu komponieren:

---

[103] John Pfeiffer: Wanda Landowska. Text im Booklet der CD *Legendary Performers: Wanda Landowska*, RCA-Victor 1992 (BMG 09026-60919-2), S. 8.
[104] Wanda Landowska: The Goldberg Variations, in: Landowska on Music, hg. von Denise Restout, S. 209-220.

«The little story attached to the *Goldberg Variations* affects in no way their true grandeur. Along with the *The Art of the Fugue* and *The Musical Offering*, this work stands as a dazzling secular temple erected in honour of absolute music.»[105] Doch obwohl dieses Werk zu den herausragenden Spätwerken Bachs gehört, so ist für Landowska dennoch der zufällige Entstehungsanlass hörbar: Psychologisch geschickt schuf Bach eine Komposition, die durch ihren ständigen Wechsel der musikalischen Elemente geeignet war, die Schlaflosigkeit des Grafen zu heilen.[106] Neben diesem außerordentlichen Reichtum an verschiedenen musikalischen Elementen hebt Landowska den Kontrapunkt als zweites wesentliches Merkmal der *Goldberg-Variationen* hervor:

> «Counterpoint, Bach's basic culture, became for him an organic function. Other musicians who were brought up in the

---

[105] Ebd. S. 213.

[106] Siehe Landowska S. 213f: «What an extraordinary psychological clairvoyance Bach had! Instead of a suite of dances in which an obstinate rhythm might have aggravated the Count's insomnia, he wrote for Kayserling a composition which, in the richness of its elements, kept shifting and diverting without ever becoming enervating. Bach understood what was needed to dispel the melancholy of a refined gentleman of extensive musical culture.»

same tradition adopted this language too, but without incorporating it. Bach did not have to adhere to counterpoint; he sprang from it; he was counterpoint incarnate. It is through the medium of contrapuntal language that he depicted life and death, and it is in this language that he forged the thirty *Goldberg Variations.*»[107]

Landowska sieht BWV 988 als ein Werk, das in der Sprache des Kontrapunkts geschrieben ist; einer Sprache, die Johann Sebastian Bach gleichsam in Fleisch und Blut übergegangen war. Im weiteren Verlauf ihres Textes charakterisiert Landowska die einzelnen Variationen, wobei sie insbesondere die wechselnden musikalischen Charaktere der einzelnen Variationen betont. Eine herausgehobene Stellung nimmt für sie dabei die Variation 25 ein:

«Variation XXV, the third and last on G minor, is the supreme pearl of this necklace – the black pearl. In its somber shimmerings, all the restlessness of the romantics may be already discerned. This richly ornamented adagio is overwhelming with the poignancy of its feverish chromaticism. Is not this nostalgic and plaintive curve toward the

---

[107] Ebd. S. 214.

sixth the same as that later to be redis-
covered by Chopin and the Wagner of
Tristan?»[108]

Sie sieht in dieser Variation also eine Art Vorboten
der musikalischen Romantik. Diese Einschätzung ist
wegen der extremen Auschromatisierung des musikalischen Materials, die Bach in dieser Variation vornimmt, nicht ganz von der Hand zu weisen. Sie ist
aber auch vor dem Hintergrund zu sehen, dass Wanda
Landowska aus einer musikalischen Tradition kam,
die entscheidend von der Romantik geprägt war.
Klaus Peter Richter schreibt über ihre Interpretation
der *Goldberg-Variationen*:

> «Bei der Landowska bleibt kaum eine
> Note ohne Bedeutung, keine Phrase
> ohne intensive Gestaltung. Aber trotz
> der Bemühung um einen historischen
> Habitus wurzelt ihr künstlerisches Kon-
> zept ganz im Pianistischen. Ein Indiz da-
> für ist die enorme Spannweite des
> Ausdrucks zwischen den verschiedenen
> Variationen, die erst wieder bei den viel
> späteren Klavieraufnahmen von Gould
> und Varsano erreicht wird.»[109]

---

[108] Landowska S. 217.
[109] Klaus Peter Richter S. 23f.

Diese Ausdruckvielfalt liegt zum Teil in den Registerwechseln auf engstem Raum begründet, wie sie Landowska oft eingesetzt hat.[110] Ihre beiden Einspielungen von 1933 und 1945 unterscheiden sich nach Einschätzung Richters und Elstes indes kaum.[111] Ein Grund für unsere Entscheidung, die Aufnahme von 1945 zu untersuchen, ist die bessere Tonqualität. Zudem lässt sich durch diese Wahl der Zeitraum, aus dem die zu untersuchenden Aufnahmen stammen, besser eingrenzen. Er umfasst ein Vierteljahrhundert; von 1945, als die zweite Landowska-Einspielung entstand, bis 1970, als Karl Richter die *Goldberg-Variationen* zum zweiten Mal aufnahm. Der Grund für die Entscheidung, überhaupt eine Aufnahme von Wanda Landowska heranzuziehen ist indes klar: Sie war eine Vorreiterin der historischen Aufführungspraxis, sie stellt quasi eine sehr frühe Stufe in deren Entwicklung dar. Und sie war die erste, die das Werk 1933 auf Schallplatte aufnahm. Diese zwei Umstände begründen ein verstärktes Interesse, gerade ihre Interpretation näher zu betrachten.

---

[110] Vgl. Martin Elste: Meilensteine der Bach-Interpretation, S. 343.
[111] Siehe Klaus Peter Richter S. 24, Martin Elste S. 388.

2. Glenn Gould

<blockquote>

«Der Bevollmächtigte [der Plattenfirma Columbia] fühlte sich auch zu der Bemerkung genötigt, die ehrfurchtgebietende Wanda Landowska habe die *Goldberg-Variationen* bereits auf ihrem ehrfurchtgebietenden Cembalo eingespielt und die meisten Kenner setzten das Werk mit ihr gleich. «Meinen Sie nicht, die Zweistimmigen Inventionen wären eine bessere Wahl als Debüt?» fragte er. «Ich würde lieber die *Goldberg-Variationen* aufnehmen», beharrte Gould, allen Einwänden gegenüber auf höfliche Weise taub. «Ach, wirklich ja?» sagte der Bevollmächtigte. «Na, warum nicht? Versuchen wir's eben.»[112]

</blockquote>

Glenn Gould war bei den Verhandlungen für seine erste Aufnahme bei der amerikanischen Plattenfirma Columbia im Jahre 1955 erst 22 Jahre alt. Dennoch wagte er sich an ein so anspruchsvolles Werk wie die *Goldberg-Variationen* und die Aufnahme, die 1956 erschien, wurde zur erfolgreichsten Schallplatte des Jahres und sollte den Ruhm dieses jungen kanadischen Pianisten begründen. Gould wurde am 25. September 1932 in Toronto geboren. Zunächst erhielt er

---

[112] Zit. n. Otto Friedrich: Glenn Gould. Eine Biographie, S. 67.

Klavierunterricht bei seiner Mutter, die Klavierlehrerin war; ab dem Alter von zehn Jahren dann am Toronto Conservatory of Music, wo er auch die Fächer Musiktheorie und Orgel belegte. Sein Klavierlehrer dort war bis 1952 Alberto Guerrero, der Glenn Gould musikalisch sehr stark prägte. In den Jahren 1946 und 1947 hatte Gould erste Auftritte als Solist mit dem Klavierkonzert Nr. 4 von Beethoven, sowie sein erstes öffentliches Klavierrecital; beides in seiner Heimatstadt Toronto. Ab 1950 folgten erste Auftritte in Rundfunk und Fernsehen, sowie eine Tournee durch Westkanada. 1953 machte er die erste kommerzielle Plattenaufnahme. Im Januar 1955 hatte Gould seine ersten Auftritte in Washington und New York. Kurz darauf unterzeichnete er einen Exklusiv-Vertrag mit Columbia Records; seine erste Schallplatte bei diesem Label war die Aufnahme der *Goldberg-Variationen*, die 1956 erschien und ihn schnell berühmt machen sollte. 1957 gab Gould sein erstes Konzert mit dem New York Phiharmonic Orchestra unter der Leitung von Leonard Bernstein und machte seine erste Tournee in Übersee (Moskau, Leningrad und Wien). Im folgenden Jahr unternahm Gould eine zweite ausgedehnte Tournee durch Europa und Israel und auch

1959 gab er wieder einige Konzerte in Europa; er war nun ein international bekannter Pianist. Ab 1960 mehrten sich die Auftritte im Fernsehen und Rundfunk. Gould produzierte auch selbst Sendungen; 1962 etwa die Rundfunkdokumentation für die CBC *Arnold Schoenberg: The Man Who changed Music*.[113] Er begann regelmäßig Aufsätze für musikalische Fachzeitschriften zu schreiben. Am 10. April 1964 gab Glenn Gould dann sein letztes öffentliches Konzert in Los Angeles, bevor er sich ganz aus dem öffentlichen Konzertleben verabschiedete. Künftig konzentrierte er sich vor allem auf die Arbeit im Studio, das sorgfältige Produzieren von Einspielungen zahlreicher Werke der Klavierliteratur und Beiträgen für Rundfunk und Fernsehen, wobei die Beschäftigung mit der Musik Johann Sebastian Bachs stets eine herausgehobene Stellung einnahm. Auf diese Weise entstanden bis Anfang der sechziger Jahre dutzende von Aufnahmen und größeren Beiträgen für die elektronischen Medien. 1982 entstand mit der dritten Einspielung der *Goldberg-Variationen* eine seiner letzten Aufnahmen. Vermutlich plante Gould eine umfassende Tätigkeit als Studiodirigent, deren Beginn die im August 1982

---

[113] Siehe Glenn Gould: Briefe, S. 350.

begonnene Aufnahme der Kammermusikversion von Wagners *Siegfried-Idyll* bilden sollte. Doch Glenn Gould starb am 27. September 1982 an den Folgen mehrerer Schlaganfälle, nur zwei Tage nachdem er 50 Jahre alt geworden war.

Durch seine häufige Präsenz in den Medien, zu Lebzeiten und wohl noch verstärkt nach seinem Tod, gehört Gould zu den bekanntesten Pianisten überhaupt. Besonders deutlich wurde dies erneut im September 2002, als sich sein Todestag zum zwanzigsten Mal jährte und in Rundfunk und Fernsehen zahlreiche Sendungen über Glenn Gould gesendet wurden. Zu seiner Bekanntheit haben sicherlich auch seine Eigenarten beigetragen, über die in der Öffentlichkeit immer viel gesprochen wurde: Sein sonderbares Klavierspiel, auf einem sehr niedrigen Stuhl sitzend, mitdirigierend und seinen eigenen Kontrapunkt singend; seine Hypochondrien, seine Tablettensucht und sein ungewöhnlicher Tagesablauf und Lebensstil. Doch sicherlich waren es vor allem seine Interpretationen der Klavierwerke von Bach, Beethoven, Brahms, Schönberg und anderen Komponisten, die ein großes Publikum begeisterten. Für den, wie er schreibt, «rationalen Interpreten Glenn Gould», hält

Kevin Bazzana eine Reihe von Aspekten für entscheidend:

> «[....] das Bach-Bild des Idealisten, seinen klaren, kontrollierten, analytischen Stil, sein besessenes Ausloten von Kontrapunkt und Struktur, die Fähigkeit, seinem Hörer sowohl die musikalischen Details als auch die Gesamtarchitektur des Stücks zu vermitteln, seine besondere – ästhetische und moralische – Affinität zum Medium der Tonaufzeichnung.»[114]

Trotz dieser Rationalität wirken viele seiner Aufnahmen dennoch spontan und natürlich. Denn man darf nicht übersehen, dass die Analysen, die Gould an Werken vornahm, zumeist recht oberflächlich waren und er viele aufführungspraktische Entscheidungen eher intuitiv fällte.[115]

Andererseits machte sich Gould viele Gedanken über die Musik. Seine Aufsätze zu verschiedenen musikalischen Fragen füllen zwei Bände. Einer seiner ersten Texte ist der über die *Goldberg-Variationen*, der 1956 als Begleittext der Columbia-Schallplatte veröffentlicht

---

[114] Kevin Bazzana S. 256.
[115] Vgl. ders. S. 258.

84

wurde.[116] Im Gegensatz zu Wanda Landowska glaubt Gould nicht an die Geschichte von der Schlaflosigkeit des Grafen Keyserlingk und schreibt daher: «Wenn die Behandlung ein Erfolg war, so lässt uns das mit einem gewissen Zweifel zurück, was die Authentizität der Wiedergabe dieser scharfen und prickelnden Partitur durch Meister Goldberg angeht.»[117] Mit anderen Worten: Gould hält das Werk als Schlafmittel für ungeeignet, da es über eine viel zu aufreibende Ausdrucksstärke verfügt. Im Folgenden zeigt Gould, dass es nicht die Melodie der Aria ist, die in den *Goldberg-Variationen* variiert wird, sondern deren Bass: «Tatsächlich bindet dieser noble Baß jede Variation mit der unumstößlichen Sicherheit seiner eigenen Unausweichlichkeit.»[118] Für Gould ist diese Unausweichlichkeit ein Element in einer merkwürdigen «Mischung von heiterer Gelassenheit und zwingender Beherrschung, die für das männliche Ego der *Goldbergs* typisch ist».[119] Doch Gould merkt, dass er mit diesen

---

[116] Glenn Gould: Die *Goldberg-Variationen*, in: Von Bach bis Boulez. Schriften zur Musik I, S. 45-52.
[117] Ebd. S. 45.
[118] Ders. S. 47.
[119] Ders. S. 48.

Charakterisierungen nur seine eigene Sicht auf das Werk wiedergibt und schreibt:

> «Ich fürchte, ich habe mich ungewollt auf ein gefährliches Spiel eingelassen, indem ich der musikalischen Komposition Eigenschaften zuschreibe, die nur den analytischen Ansatz des ausführenden Musikers spiegeln. Dies ist eine besonders angreifbare Praxis bei der Musik Bachs, die weder Tempo noch dynamische Intention konzediert, und ich nehme mich in acht, die Begeisterung, die aus der Überzeugung von einer Interpretation erwächst, in Zaum zu halten, auf daß sie sich nicht mit der unabänderlichen Absolutheit des Willens des Komponisten verwechsle.»[120]

Gould nimmt also nicht in Anspruch eine historisch authentische Interpretation des Werks vorzulegen, sondern ist sich seiner interpretatorischen Subjektivität bewusst. Wie schon Landowska betont er in seinem Text über die *Goldberg-Variationen* den kontrapunktischen Charakter, der seiner Meinung nach nicht nur den Kanons zu eigen ist, sondern auch beispielsweise den Variationen 4, 16 und 22.[121] In den mittleren Variationen zwischen den Charakterstücken

---

[120] Ebd.
[121] Vgl. ebd. S. 48f.

und den Kanons, die Gould als Arabesken bezeichnet, sieht er diesen kontrapunktischen Charakter zugunsten der Virtuosität verdrängt. Die langsame Variation 25 nimmt in seinen Augen einen strategischen Platz ein. Er scheint den Einschätzungen Wanda Landowskas an dieser Stelle recht nah zu sein, denn er schreibt:

> «Nachdem wir bereits mit einem kaleidoskopischen Tableau regaliert worden sind, das aus vierundzwanzig Vignetten besteht, die, in peinlich genau kalibrierten Abstufungen, die unerschöpfliche Anpassungsfähigkeit dessen beschreiben, was als «das *Goldberg*-Ego» bezeichnet wurde, wird uns nun Dispens gewährt, auf daß wir die zunehmende Erfahrung von Tiefe, Zartheit und Zurschaustellung sammeln und herauskristallisieren, während wir über die sehnsuchtsvolle Atmosphäre eines beinahe chopinesken Stimmungsstückes nachsinnen. Das Auftauchen dieser wehmütigen, schwermütigen Kantilene ist ein psychologischer Meisterstreich.»[122]

Auch Gould sieht also in dieser Variation romantische Elemente, die an die Musik Chopins erinnern.

---

[122] Ders. S. 51.

Allerdings sieht er diese Variation eher als ein schwermütiges und ruhiges Stück, während Landowska hier von romantischer Rastlosigkeit und Fieber gesprochen hatte. Doch auch Goulds Interpretation wird zuweilen eine Tendenz zum Romantischen – und noch darüber hinaus, ins Moderne – nachgesagt. So meint Wolfgang Schreiber:

> «Gould gelang es auf dem Klavier, die feurige Brillanz der Variationen, ihr pianistisches Zukunftspotential in Richtung Beethoven, Liszt hellsichtig darzustellen. Zugleich verstand er es, die spekulative Kraft des Werkes, etwa in der 25. Variation, fast in die Nähe modernen Konstruktionsgeistes vorzutreiben. Das ganze eingebunden in den unwiderstehlichen Elan eines dreiundzwanzigjährigen, genialisch begabten Künstlers, der original sein wollte.»[123]

Martin Elste sieht Goulds Aufnahme von 1955 als interpretatorischen Standard; auf dem Klavier waren zuvor nur zwei Aufnahmen von Rosalyn Tureck und von Jörg Demus erschienen. Zwar hatte Claudio Arrau schon 1942 das Werk zum ersten Mal auf dem Klavier aufgenommen, doch diese Einspielung wurde

---

[123] Wolfgang Schreiber: Auswahldiskographie, in: Musik-Konzepte 42, S. 106.

88

erst 1998 veröffentlicht.[124] Joachim Kaiser urteilt über Goulds erste Aufnahme der *Goldberg-Variationen*: «Die Goldberg-Variationen, gespielt vom frühen Gould, demonstrieren den Reichtum und die draufgängerische Frische von Goulds Spiel: also eine faszinierende Mischung aus Konstruktivismus, Virtuosität und Nonkonformismus.»[125] Bei allem Genialischen an Goulds Interpretationen, treten auch manchmal Ungereimtheiten auf – wahrscheinlich gerade, weil die Interpretationen so genialisch sind. Nicht ganz ohne Grund nahm Gould 1982 das Werk noch einmal auf, vermutlich um seine zweite Einspielung einer Revision zu unterziehen. Im Unterschied zu den beiden Aufnahmen Landowskas, die sich sehr ähneln, sind bei den beiden Einspielungen Goulds von 1955 und 1982 die Unterschiede deutlich: Bei der Aufnahme von 1982 wählt er langsamere Tempi und hat ein noch größeres Augenmerk auf die kontrapunktischen Strukturen des Werkes. Dennoch wählen wir die Aufnahme von 1955, die den Grundstein für Goulds weltweiten Ruf als Bach-Interpret legte und die gerade ob

---

[124] Siehe Martin Elste: Meilensteine der Bach-Interpretation, S. 391.
[125] Joachim Kaiser: Große Pianisten unserer Zeit, S. 203.

ihrer interpretatorischen Extreme für einen Vergleich mit anderen Einspielungen desselben Werkes wie geschaffen ist.

3. Grete Sultan

Grete Sultan wurde 1906 in Berlin geboren. Als Kind einer Musikerfamilie erhielt sie im Alter von fünf Jahren Klavierunterricht. Bereits im Alter von 15 studierte sie an der Berliner Musikhochschule bei dem russischen Pianisten Leonid Kreutzer und machte 1925 dort ihr Diplom; 1927 nahm sie weiteren Unterricht bei Edwin Fischer.[126] Von Anfang an spielte Grete Sultan als Pianistin ein breites Repertoire, das sowohl den klassisch-romantischen Kanon als auch zeitgenössische Werke von Schönberg, Krenek und Strawinsky umfasste. Durch die Bekanntschaft mit dem in Deutschland lebenden amerikanischen Pianisten Richard Buhlig kam sie in den zwanziger Jahren auch mit zeitgenössischer amerikanischer Musik in

---

[126] Für alle hier gegebenen biographischen Informationen siehe Eric Salzman: Text im Booklet zur CD *Grete Sultan. The Legacy Volume 1*, Labor Records 2002 (LAB 7037).

90

Berührung. So mit den Werken des ebenso zeitweise in Berlin lebenden Komponisten Henry Cowell, der später neben Schönberg der wichtigste Lehrer von John Cage werden sollte. Sultan nahm einige der experimentellen Werke Cowells in ihr Repertoire auf. Um 1930 war Grete Sultan zu einer bekannten Pianistin geworden. Sie gab zahlreiche Solo-Konzerte in Deutschland, der Schweiz und Italien, trat als Solistin mit verschiedenen Orchestern auf, spielte Doppelkonzerte von J. S. Bach zusammen mit Edwin Fischer und konzertierte auf Festivals für zeitgenössische Musik. Mit der Machtergreifung der Nationalsozialisten in Deutschland fand diese Karriere jedoch ein schnelles Ende. Wegen ihrer jüdischen Religionszugehörigkeit wurde Sultan ihr Pass entzogen, sie durfte nicht mehr öffentlich auftreten und nur noch die Musik jüdischer Komponisten spielen. Ihren Lebensunterhalt versuchte sie mit Privatunterricht und Auftritten innerhalb der jüdischen Gemeinden zu decken. Ihr Freund Richard Buhlig versuchte seit 1936 von den USA aus, ihr ein Visum zu besorgen. Dies scheiterte zunächst; erst Ende 1940 erhielt sie ein Visum für die Vereinigten Staaten und gelangte unter widrigsten Umständen mit einem Flüchtlingszug von Berlin über das besetzte Paris nach Lissabon, wo sie kurz vor Ablauf ihres Visums einen Platz auf einem Schiff nach New York bekam. Dort angekommen, wurde sie zunächst von befreundeten Künstlern unterstützt durch die sich auch den Komponisten John Cage kennenlernte. Zunächst gab sie vor allem Unterricht, begann aber auch sich eine neue Konzertkarriere aufzubauen. Wie schon in Deutschland umfasste ihr Repertoire Werke aus allen Epochen von Bach bis in die Gegenwart. Am bekanntesten wurde sie jedoch durch ihre Interpretationen der Klavierwerke von John Cage. Erst in den letzten Jahren wurde Grete Sultan allmählich als herausragende Interpretin, nicht nur der Musik des 20. Jahrhunderts, wiederentdeckt. Ein Prozess der möglicherweise erst begonnen hat.

Die *Goldberg-Variationen* nahm sie 1959 in einem einzigen Durchgang auf, als handele es sich um einen Live-Mitschnitt. Und auch in Konzerten spielte sie den Zyklus ohne Pause durch und setzte sich hierin von anderen Interpreten ab. Sie sagte selbst über ihre Interpretation:

> «Landowska, Kirkpatrick, Tureck, all
> made a nice intermission in the middle
> after the first fifteen variations and then
> started again with the overture. I played

everything all the way through, repeats
and all, without an intermission. Of
course, I varied the repeats by bringing
out different voices!»[127]

Die kontrapunktischen Strukturen des Werkes müssen für Grete Sultan also einige Bedeutung gehabt haben, wenn sie nach eigener Aussage die
Wiederholungen zur Hervorhebung verschiedener
Stimmen nutzte. Doch auch die Gesamtstruktur des
Werkes war ihr wichtig. Um dem Hörer den Aufbau
der Variationen deutlicher zu machen, ließ sie die folgende Graphik an das Konzertpublikum austeilen:[128]

---

[127] Zit. n. Eric Salzman.
[128] Das Diagramm ist ebenfalls dem Booklet der bei Labor Records erschienenen CD entnommen.

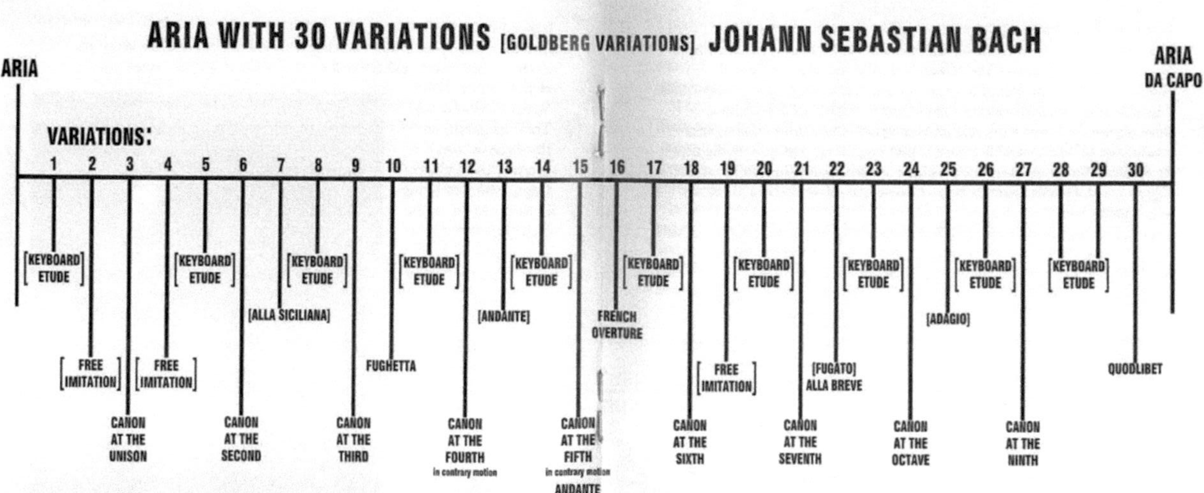

Grete Sultan's structural diagram of the work

94

Sultans Sicht auf die Struktur des Werkes zeigt neben den neun Kanons, elf Etüden, die in der Regel die jeweils zweite Position in den Dreiergruppen innehaben und nur in der ersten und letzten Dreiergruppe die erste, beziehungsweise die erste und zweite Position besetzen. Auf der ersten Position in den Dreiergruppen stehen verschiedene Arten von Stücken: Freie Imitationen (Var. 4 und 19, sowie auf der zweiten Position: Var. 2), Fughetta (Var. 10), Fugato (Var. 22) Quodlibet (Var. 30) und – mit einem kürzeren Balken versehen – Alla Siciliana (Var. 7), Andante (Var. 13), Französische Ouverture (Var. 16) und Adagio (Var. 25). Es scheint so, als ob die Länge der Balken in diesem Diagramm den Grad an kontrapunktischer Raffinesse anzeigt, wonach die Kanons die kontrapunktisch vollkommenste Form wären, die freien Imitationen, sowie Fughetta, Fugato und Quodlibet diesen folgten und so weiter. Grete Sultan hat die *Goldberg-Variationen* «als vielschichtigen Kosmos von Etüde, Charakterstück, freier Imitation und strengem Kanon gelesen und somit jeder einzelnen Schicht ihr eigenes Gepräge gegeben», wie Wolfgang Rathert schreibt.[129] Ihr Schema vom Aufbau des Werkes deckt sich mit anderen bereits behandelten Untersuchungen. Etwa, dass sie bestimmte Variationen als Charakterstücke versteht und auch, dass sie in der ersten und letzten Dreiergruppe eine Abweichung vom normalen Verlauf erkennt.[130] Letzteres ähnelt stark den Ergebnissen Heinz Hermann Niemöllers. Es ist bemerkenswert, dass Grete Sultan überhaupt eine derartige Analyse vornahm und ganz sicher entspricht dies nicht dem gängigen Vorgehen von Bach-Interpreten. Wolfgang Rathert hebt sie denn auch von einem großen Teil der bekannten Interpreten ab, wenn er schreibt:

«Will man Grete Sultans Klavierspiel charakterisieren, so fällt die vollständige Abwesenheit jener subjektiven Willkür auf, die heutzutage gerne als «Interpretation» mißverstanden wird, aber nicht etwa vermittelnd zwischen Werk und Hörer tritt, sondern lediglich einen eigenmächtigen Umgang mit dem Text meint. Sultans Spiel ist im besten Sinne objektivierend, es gibt der Werkidee und ihrer Entfaltung so viel Raum wie

---

[129] Siehe Wolfgang Rathert: Sense and Sensibility, in: Frankfurter Allgemeine Zeitung vom 24. August 2002.
[130] Vgl. hierzu die in Kapitel II dieser Arbeit erwähnten Untersuchungen von Niemöller, Breig und Williams.
96

möglich. Voraussetzung sind eine perfekte, aber niemals sich verselbständigende pianistische Technik (die sich Sultan bis ins hohe Alter bewahrt hat), eine genaue Beachtung des notierten Textes und die Fähigkeit zur intellektuellen Durchdringung des jeweiligen musikalischen Gehalts und seiner vielschichtigen, auch außermusikalischen Kontexte.»[131]

Es handelt sich demnach bei Grete Sultan um eine Interpretin, die sehr gewissenhaft mit den zu interpretierenden Werken umgeht und die ihre künstlerische Subjektivität nicht wichtiger nimmt als die Objektivität der notierten Musik. Dies unterscheidet sie von älteren Interpreten wie Wanda Landowska und möglicherweise noch mehr von jüngeren wie Glenn Gould. Dies ist auch ein Grund, warum wir gerade ihre Aufnahme für unsere Interpretationsbetrachtung heranziehen wollen. Doch bei Grete Sultan kommt noch ein weiterer wichtiger Aspekt zum Tragen: ihre überaus intensive Auseinandersetzung mit zeitgenössischen Kompositionen. Diese erfordern ein mitunter viel akribischeres und langwierigeres Arbeiten als die meisten klassischen Werke. Wahrscheinlich wurde

---

[131] Siehe Wolfgang Rathert: Sense and Sensibility.

Grete Sultan durch die zahllosen modernen Werke, die sie spielte, was ihre Genauigkeit, Ausdauer und Werktreue betrifft, sehr gut geschult. Es ist daher zu vermuten, dass sich diese Schule auch auf ihre Interpretation der *Goldberg-Variationen* ausgewirkt hat. Grete Sultan ist für die moderne Musik seit Schönberg eine hochrangige Interpretin der ersten Stunde und gerade deshalb eine interessante Wahl für unseren Interpretationsvergleich.

4. Gustav Leonhardt

Gustav Leonhardt wurde am 30. Mai 1928 in Graveland bei Hilversum geboren. Er gehört somit derselben Generation an wie Glenn Gould. Aus einer sehr musikalischen Familie stammend, erhielt er schon früh eine pianistische Ausbildung. Von 1947 bis 1950 absolvierte er ein Studium an der Schola Cantorum Basiliensis bei Eduard Müller in den Fächern Orgel und Cembalo. Leonhardt gab 1950 in Wien sein Konzertdebüt mit Bachs *Kunst der Fuge.* In den Jahren 1952 bis 1955 war er Cembalolehrer an der Wiener Akademie für Musik und studierte gleichzeitig Musikwissenschaft in Wien. Seine erste Aufnahme für die amerikanische Plattenfirma Vanguard entstand 1953: die *Kunst der Fuge* (auf einem Neupert-Cembalo gespielt).[132] Ab 1954 hatte Leonhardt einen Lehrauftrag für Cembalo an der Amsterdamer Musikhochschule und war dort Organist an der Nieuwe Kerke. Im selben Jahr gründete er das Leonhardt Barock Ensemble, in dem Nikolaus Harnoncourt als Cellist spielte. Es entstanden unter anderem Einspielungen der Kantaten J. S. Bachs. In den folgenden Jahren trug Leonhardt maßgeblich dazu bei, dass die Niederlande zu einem Zentrum der historischen Aufführungspraxis wurden. Seit den fünfziger Jahren nahm er alle wichtigen Cembalowerke von Bach auf und machte zahlreiche Konzertreisen durch Europa und Nordamerika, bei denen er meistens als Cembalist auftrat. 1958 wurde das Leonhardt Barock Ensemble in Leonhardt-Consort umbenannt, mit dem er seitdem Aufnahmen produzierte und auf Konzerttournee ging. Im Jahr 1967 spielte Leonhardt die Rolle des Johann Sebastian Bach in Jean-Marie Straubs Film *Diary of Anna Magdalena Bach*. Zwischen 1971 und 1990 nahm er zusammen mit Nikolaus Harnoncourt die

---

[132] Siehe Martin Elste: Nostalgische Musikmaschinen, S. 272.

gesamten geistlichen Kantaten von J. S. Bach auf. Als Lehrer war Gustav Leonhardt außerordentlich einflussreich auf die nachwachsende Generation von Musikern; seine bekanntesten Schüler sind Bob von Asperen (1947 geboren) und Ton Koopman (1944 geboren).

Als Solist und Continuospieler repräsentiert Leonhardt für Martin Elste einen ganz neuen Typ von Musiker, für den das Continuospiel von Anfang an selbstverständlich war und der in seinen Aufnahmen je zur Hälfte als Solist und als Continuospieler im Ensemble in Erscheinung trat – im Unterschied zu einer Musikerin wie Wanda Landowska, die sich praktisch nur als Solistin betätigte. Beim Ensemblespiel bildete sich die historischen Vorbildern folgende Praxis heraus, vom Cembalo aus zu dirigieren.[133] Zu den *Goldberg-Variationen* gibt es leider keine schriftliche Äußerung Gustav Leonhardts.

Für Elste zeigt sich Leonhardts charakteristischer Stil bereits in der Vanguard-Aufnahme der *Kunst der Fuge* von 1953: «sehr klare und durchgefeilte Artikulation, die ausgesprochen «cembalistisch» ist (also die

---

[133] Vgl. M. Elste: Meilensteine der Bach-Interpretation, S. 343.

Artikulationsmöglichkeiten des Cembalos sehr genau nutzt), und der minimale Einsatz von Registerabstufungen und -wechseln».[134] Auch noch etwa zehn Jahre später spielte Leonhardt auf einem Neupert-Cembalo, aber auch schon zum Teil auf verschiedenen Nachbauten historischer Instrumente; je nach Cembalomusikstil wählte er ein anderes Instrument. Die 1965 für die Teldec aufgenommenen *Goldberg-Variationen* sind ein Beispiel für eine frühe Einspielung mit einem Nachbau eines historischen Vorbilds. Es handelt sich um einen Dulcken-Nachbau des Bremer Cembalobauers Martin Skowroneck, über dessen Instrumente Elste schreibt:

> «Skowroneck ist nie der Versuchung erlegen, bei einem Konstruktionsmodell zu bleiben. Jedes neue Instrument unterscheidet sich von seinen Vorgängern. Natürlich gibt es trotzdem Konstanten in seinem Schaffen, nicht zuletzt durch sein charakteristisches Klangideal, den vollen, sinnlichen Cembaloton, der klar und kräftig zugleich, resonanzreich und offen ist.»[135]

Zu dem Dulcken-Nachbau, den Leonhardt

---

[134] M. Elste: Nostalgische Musikmaschinen, S. 272.
[135] Ebd. S. 273.

verwendete, heißt es weiter:

> «Allgemein bekannt wurde der still und stetig vor sich hinarbeitende Skowroneck durch sein 1962 für Gustav Leonhardt gebautes Cembalo Nr. 19. Hierbei holte er sich Anregungen von den zwei mit 1745 datierten Instrumenten von Joannes Daniel Dulcken (Smithsonian Institution in Washington, DC; Kunsthistorisches Museum in Wien). Aus diesem Instrument [...] nahm Leonhardt seine berühmten Schallplatten auf: beide Teile des *Woltemperierten Claviers*, Scarlatti-Sonaten und vieles mehr. Der auch aufnahmetechnisch brilliant eingefangene, resonanzreiche, offene Klang faszinierte und wurde stilbildend für viele historisch orientierte Nachbauten anderer Cembalobauer.»[136]

Dieses Skowroneck-Instrument verfügt außer den beiden 8-Fuß-Registern nur noch über ein 4-Fuß-Register aber über kein 16-Fuß-Register. Die 1965 auf diesem Instrument entstandene Aufnahme der *Goldberg-Variationen* ist die erste Einspielung, die auf einem Cembalo-Nachbau nach historischem Vorbild gemacht wurde. Insgesamt gibt es drei Einspielungen dieses Werkes von Leonhardt: von 1954, 1965 und

---

[136] Ebd. S. 274.

102

1978; die «mittlere Version ist längst zu einem Klassiker der historisierenden Aufführungspraxis geworden», schreibt Martin Elste.[137] Klaus Peter Richter zieht die dritte Einspielung Leonhardts vor, lobt aber bei der zweiten das Instrument:

> «Die Teldec-Einspielung profitiert deutlich durch den Nachbau eines historischen Dulcken-Instruments (von Martin Skowroneck), und in der Aufnahme von 1978 wird auch derjenige, der nicht zur «authentischen» Glaubensgemeinde zählt, durch den großartigen Klang des Dowd-Cembalos gewonnen.»[138]

Ingo Harden dagegen übt an der Aufnahme von 1965 eine Kritik, die häufig an Interpretationen der historischen Aufführungspraxis geübt wurde:

> «Gustav Leonhardt erhielt die Möglichkeit, Bachs Goldberg-Variationen zum zweiten Male einzuspielen. Während er sich zum Beispiel in Couperins «Nations» erneut als ausgezeichnet temperamentvoller Cembalist bewährte, wirkte sein Spiel des großen Bachschen Spätwerks wie schon in der älteren Amadeo-

---

[137] Siehe M. Elste: Meilensteine der Bach-Interpretation, S. 389.
[138] Klaus Peter Richter S. 25.

Aufnahme eher nüchtern und mitunter beinahe hausbacken. Die Präzision seiner Wiedergabe ist hervorragend. Aber mit einem fast völligen Zurücktreten des Interpreten hinter den Notentext, dessen virtuose Elemente zudem zurückgedrängt erscheinen, ist es in diesem Werk allein nicht getan.»[139]

Der Vorwurf, dass sich ein Interpret wie hier fast ganz zurücknimmt und so dem Werk letztlich schadet ist wohl eine Gefahr der historischen Aufführungspraxis. Dennoch ist es eine interessante Frage, ob eine solche Interpretationsweise gerade einem Werk wie den *Goldberg-Variationen* nicht auch angemessen sein kann. Mit Gustav Leonhardt haben wir einen Interpreten vor uns, der ein bedeutender früher Vertreter dieser Interpretationsweise ist. Während Wanda Landowska noch eine Vorläuferin der historischen Aufführungspraxis ist, sind wir bei Leonhardt innerhalb der Geschichte der musikalischen Interpretation bei der viel diskutierten historischen Aufführungspraxis angekommen. Dies und die Tatsache, dass es sich bei der Aufnahme von 1965 um die erste Einspielung auf einem historisierenden Nachbau handelt, sind Gründe

---

[139] Ingo Harden: Von Pierchon bis Haydn. Neue klingende Exempel aus 300 Jahren Musikgeschichte, in: fono forum 1966, Heft 3, S. 111.

104

genug, um Gustav Leonhardt in unsere Auswahl auf-
zunehmen.

5. Wilhelm Kempff

Wilhelm Kempff wurde am 25. November 1895 in Jü-
terbog geboren. Sein Vater war Organist und Kantor,
dadurch wurde er früh an die Musik und das Klavierspiel herangeführt.[140] Schon im Kindesalter hatte
Kempff erste Auftritte. 1914 nahm er ein Klavier- und
Kompositionsstudium an der Berliner Musikhochschule auf; eigene Kompositionen entstanden in grö-
ßerer Zahl. Ab 1918 begann eine große pianistische
Karriere: mit ersten Klavierabenden in der Singakade-
mie und einem Auftritt mit den Berliner Philharmoni-
kern. 1919 machte Kempff eine Tournee durch
Schweden und ab 1920 erste Schallplattenaufnahmen
bei der Deutschen Grammophon Gesellschaft (mit
Werken von Bach, Mozart und Beethoven). Im Jahre
1924 übernahm er die Leitung der

---

[140] Für die biographischen Angaben vgl. Bernard Gavoty:
Wilhelm Kempff (in der Reihe: Die großen Interpreten),
S. 22ff.

Württembergischen Musikhochschule in Stuttgart; ein Amt, das er bis 1929 innehatte. Während der gesamten zwanziger und dreißiger Jahre wurden zahlreiche Kompositionen Wilhelm Kempffs aufgeführt, darunter Orchesterwerke und mehrere Opern. 1930 führte Kempff alle Beethoven-Sonaten in Potsdam auf. Während des Dritten Reiches machte er weiterhin Konzertreisen durch Deutschland und auch durch die im Krieg besetzten Länder. Nach Ende des Krieges unternahm er dann ausgedehnte Konzertreisen in alle Welt. Diese rege Konzerttätigkeit bewältigte Kempff bis Ende der siebziger Jahre, wobei er in vielen Ländern als Botschafter der Musik Beethovens und auch Bachs gefeiert wurde. 1982 gab er sein letztes öffentliches Konzert. Am 23. Mai 1991 starb Kempff im italienischen Positano.

Wilhelm Kempff ist eindeutig ein Vertreter einer Interpretationspraxis, die im 19. Jahrhundert ihre Wurzeln hat. So charakterisiert etwa Walter Deppisch Kempffs Bach-Interpretation mit den Worten:

«Der Hinwendung zum blühenden Ton ist er noch im Alter verpflichtet geblieben. Das machte sich in der Interpretation Bachscher Werke deutlich. Hier fühlte er sich angeregt zu barocker Fülle und Vielfalt, wie sie wohl nur einer nacherleben kann, der wie der junge Kempff noch Feruccio Busoni Bach spielen hörte.»[141]

Dieser blühende Ton, von dem hier die Rede ist, ist ein Kennzeichen romantischen Klavierspiels. In diesem Sinn beschreibt auch Klaus Linsenmeyer Kempffs Spiel: «Wesentlich für Kempffs Interpretations-Ästhetik waren das gesanglich-melodische Element und die Qualität seiner Anschlagsfarben.»[142] In der Folge Busonis hatte auch Wilhelm Kempff Orgelwerke und Choräle für das Klavier arrangiert. Dieser Praxis liegt ein völlig anderes Verständnis von der Musik J. S. Bachs zugrunde, als man es für gewöhnlich heutzutage hat. Besonders deutlich wird dies etwa, wenn es um den Gebrauch des Pedals geht:

«Mit welcher Souveränität nutzte der Pianist die Möglichkeiten des Pedals gerade bei Bach, wenn er in improvisationsartig freien Kompositionsformen wie in den Toccaten über lange Strecken hinweg die Stimme und Harmonien fast echoartig ineinanderfließen ließ. Man fühlte sich in

---

[141] Zit. n. Klaus Linsenmeyer: Wilhelm Kempff (1895-1991). Sein Leben und Wirken als Pianist, Klavierpädagoge und Komponist, S. 2.
[142] Siehe Klaus Linsenmeyer S. 2.

weitläufige Räume barocker Bauten ver-
setzt und erlebte auf diese Weise die
Weite und Vielgestaltigkeit der Bachschen Musik.»[143]

Während heutige Bach-Interpreten am Klavier zumeist vor dem Gebrauch des Pedals zurückschrecken,
wenn sie nicht ohnehin das Cembalo vorziehen,
nutzte Kempff das Pedal für imposante Klangeffekte.
Nicht zuletzt dürfte dies mit seiner Herkunft aus einer
Organistenfamilie zusammenhängen, da die Orgel viel
weiter gehende Klangeffekte ermöglicht als ein Klavier oder Cembalo.

Zu seiner Interpretation der *Goldberg-Variationen* hat
sich Wilhelm Kempff anscheinend nicht näher geäußert. Die Aufnahme entstand 1969 und steht ganz in
der Tradition einer eigensinnigen Bach-Interpretation, wie sie Kempff zeitlebens pflegte. In seiner Rezension bemerkt Ingo Harden zu dieser Einspielung:

«Man hört in keiner der 30 Variationen
so etwas wie (angeblich) «barocke Moto-
rik» oder den Versuch, Sechzehntelfiguren mit unmodifiziertem Ton quasi
cembalistisch durchzuspielen. Im Gegenteil, Kempff nutzt alle Nuancie-
rungsmöglichkeiten seines Instruments
aus, um die Innenspannung der

---

[143] Ders. S. 6.

Melodien klaviergerecht herauszubringen, und er scheut sich nicht, Tonleiterpassagen unter Pedal zu nehmen.»[144]

Das Werk wird also ganz den Möglichkeiten des modernen Instruments angepasst und somit modifiziert. Der stärkste Eingriff, den Kempff dabei vornimmt, ist das fast völlige Weglassen der Verzierungen und der kleingestochenen Noten. Der Variationszyklus wird bei ihm aber dennoch nicht zu einem pianistischen Bravour- und Virtuosenstück, sondern ganz in Kempffs zaghaften und verträumten Klavierstil interpretiert. Ingo Harden beschreibt dies folgendermaßen:

«Alles vordergründig Temperamentvolle und Virtuose bleibt ausgeklammert, die Wiedergabe ist getragen von einem Zug meditativer Versunkenheit, von entspannter Rück- und Überschau. Die Tempi sind gelöst, im Thema und den ruhigen Variationen recht flüssig, in den schnellen Variationen niemals hastig, die Polyphonie wird unforciert herausgehoben.»[145]

---

[144] Ingo Harden: Rezension in fono forum 1970, Heft 1, S. 839.
[145] Ebd. S. 839.

Natürlich lässt sich eine solche Interpretation, die keine Extreme kennt, als nichtssagend und zu konturlos abtun. Und sicherlich kann man wie Wolfgang Schreiber auch sagen, dass Kempffs anachronistische Darstellung zu «abseitigen Lösungen der Werkprobleme führte»[146]. Andererseits kann man schwerlich behaupten, Kempff habe sich nicht mit dem Werk und seinen Problemen beschäftigt. Denn, wie Klaus Linsenmeyer in seiner Kempff-Biographie schreibt, hört man aus den Aufnahmen Kempffs nicht nur seinen ihm eigenen Ton heraus, sondern auch seine Beschäftigung mit den musikalischen Strukturen:

> «Bereits in jungen Jahren entzückten der fließende Ton des Pianisten, sein feines Gefühl für verschiedene Farbtönungen, seine schwerelose Geläufigkeit, die gleichwohl mächtige wie feinsinnige Gestaltung der großen und kleinen Formen und die niemals auf äußere Effekte zielende Virtuosität. …Kempff entdeckte die leisen Strömungen der Musik, beleuchtete Mittelstimmen, unterstrich pointiert den Rhythmus, negierte monotone Bewegungsabläufe.»[147]

---

[146] Siehe Wolfgang Schreiber: Auswahldiskographie, S. 106.
[147] Siehe Linsenmeyer, S. 166.

Es handelt sich bei Wilhelm Kempff um einen großen Musiker mit einem ganz individuellen Stil. Es ist also nicht allein damit getan zu sagen, er stehe als Interpret noch in der Tradition des 19. Jahrhunderts. Mit Virtuosentum haben seine Interpretationen nur wenig zu tun und auch nicht mit einem besonders effektvoll-blumigen musikalischen Ausdruck. Freilich gehört er zusammen mit Wanda Landowska einer Generation an, die noch vor dem Ersten Weltkrieg ihre musikalische Ausbildung erhielt. Sein Markenzeichen ist jedoch ein höchst individueller Stil, der zwar von der musikalischen Romantik geprägt ist, aber in seiner speziellen Ausprägung einzigartig ist. Dies macht ihn für unsere Untersuchung interessant, da von ihm eine entsprechend individuelle Interpretation der *Goldberg-Variationen* zu erwarten ist.

6. Karl Richter

Karl Richter wurde am 15. Oktober 1926 in Plauen geboren. Sein Vater war Pfarrer und bei den regelmäßigen Besuchen in der Kirche wurde Karl Richter schnell mit Orgelmusik vertraut. Alle Kinder der

Familie – Karl hatte vier ältere Schwestern – erlernten ein Instrument. Karl Richter lernte Klavier und Orgel. 1935 starb der Vater und die Familie zog nach Freiberg. Dort erhielt Karl Richter beim Domkantor Arthur Eger Unterricht an der historischen Silbermann-Orgel.[148] 1937 wurde er am Dresdner Kreuz-Gymnasium angenommen und sang dort im Kreuzchor unter Rudolf Mauersberger. Auch in Dresden erhielt er weiterhin Klavier- und Orgelunterricht; ab 1940 auch Orgelunterricht bei Karl Straube in Leipzig. Aufgrund seiner Begabung wurde Karl Richter Chorpräfekt des Kreuzchors und Assistent Mauersbergers. Ab 1942 leitete er auch selbst einzelne Auftritte des Chores. Ende 1943 wurde Richter nach Ablegung des Notabiturs zum Kriegsdienst eingezogen; ein Jahr später geriet er an der Westfront in amerikanische Kriegsgefangenschaft. 1946 begann er dann ein Studium an der Leipziger Musikhochschule in den Fächern Orgel und Klavier. Im dritten Studienjahr wurde Günther Ramin sein Lehrer, der ihm 1949 zum Erhalt einer Organisten-Stelle an der Thomaskirche verhalf. Dort wurde er Zeuge der

---

[148] Siehe Roland Wörner: Karl Richter. Musik mit dem Herzen, S.92.

112

Überführung der sterblichen Überreste J. S. Bachs in den Chor der Kirche. 1950 machte Richter eine seiner ersten Aufnahmen mit dem Leipziger Sinfonie-Orchester (Bachs Cembalokonzert g-moll BWV 1058). Im selben Jahr erhielt Richter den 1. Preis im Fach Orgel beim Leipziger Bach-Wettbewerb. 1951 verließ er die DDR und erhielt eine Dozentenstelle an der Musikhochschule in München sowie die Stelle des Kantors an der Münchner Markuskirche. 1952 begann er eine Aufnahmetätigkeit für die Deutsche Grammophon Gesellschaft. 1953 spielte er die *Goldberg-Variationen* in einem Konzert in München und 1954 entstand seine erste Aufnahme dieses Werkes für die Plattenfirma Teldec. Nach dem Tod Günther Ramins im Februar 1956 wurde Richter dessen Nachfolge als Thomaskantor angeboten, was er mit der Begründung, er fühle sich den Aufgaben dieses Amtes noch nicht gewachsen, ablehnte. Im Herbst desselben Jahres unternahm er seine erste Konzertreise als Solist durch Nordamerika. In den folgenden Jahren feierte Richter nicht nur mit zahlreichen Aufführungen der geistlichen Werke von J. S. Bach, die er vor allem zusammen mit dem Münchner Bach-Chor und -Orchester realisierte, sondern auch etwa mit den Requien von

Mozart und Brahms große Erfolge. Sein Ruf als bedeutender Bach-Interpret ging bald weit über München hinaus. Ab 1962 begann Richter alljährliche Konzertreisen nach Argentinien zu unternehmen. In den sechziger Jahren hatte er zahllose Auftritt als Dirigent und Solist in aller Welt und produzierte zahlreiche Einspielungen, vor allem der Werke J. S. Bachs. Im April 1970 entstand seine zweite Einspielung der *Goldberg-Variationen* für die Deutsche Grammophon Gesellschaft. Anfang 1971 erlitt Richter einen Herzinfarkt und musste zahlreiche Konzerttermine absagen. Dennoch nahm er seine umfangreiche Konzert- und Aufnahmetätigkeit wieder auf; im Jahr 1976 erschien die hundertste für die Deutsche Grammophon Gesellschaft aufgenommene Schallplatte. Am 15. Februar 1981 starb Karl Richter an einem weiteren Herzinfarkt. In einer Gedenksendung des Bayrischen Rundfunks vom 21. Februar 1981 sagte der Musikkritiker Karl Schumann:

> «Karl Richter war ein ungewöhnlicher, umfassender Musiker. In den Jahren, die ihm vergönnt waren, hat er Gegensätze zu verbinden gewußt: den schweren Ernst des evangelischen Kantors und den Glanz eines Virtuosen. Was sich auszuschließen scheint, begegnete sich

in Karl Richter: Musik als tönende Metaphysik und Theologie und Musik als festliche Attraktion, dargeboten von einem Weltstar.»[149]

Eine Besonderheit Karl Richters in der Reihe der hier charakterisierten Interpreten ist, dass er, wie Gustav Leonhardt, nicht nur Cembalist und Organist war, sondern auch Dirigent. Er setzte sich sehr intensiv mit allen Teilbereichen des Werkes J. S. Bachs auseinander. Seine Interpretationen wurden wegen ihrer eindringlichen Expressivität geliebt. Richter wurde als typisch sächsischer Musikant gesehen, «der drauf losspielt und fühlt, wie es sein muß, eben so, wie auch «die Bache» gespielt hätten».[150] Und sicherlich spielte seine Herkunft und das Milieu aus dem er stammte für seine musikalischen Auffassungen eine gewisse Rolle. Karl Richter schrieb selbst darüber:

> «In sächsischer Umwelt aufgewachsen, ehemals Sänger im Kreuzchor und Organist der Thomaskirche, bin ich fest verwurzelt in der durch Eltern und Land geprägten Tradition. Meine Vorfahren stammen aus dem Erzgebirge, und es sind viele Geistliche und Kantoren unter

---

[149] Zit. n. Roland Wörner, S. 151.
[150] Siehe ders. S. 13.

ihnen. Von Bachs über 190 geistlichen
und rund 20 weltlichen Kantaten habe
ich nicht alle aufgeführt, aber natürlich
alle gelesen. Sie sind mir nicht ältere Musik, sondern Musik von heute, lebendige
Musik, und die jahrzehntelange Beschäftigung mit allen Zweigen des Bachschen
Oeuvres hat es mir ermöglicht, ähnlich
einem Sprachwissenschaftler, die Bachsche Sprache zu verstehen und zu be-
herrschen.»[151]

Die Kantaten bildeten für Richter das Zentrum des
Bachschen Schaffens und auch die anderen geistlichen Werke Bachs spielten für ihn eine herausragende
Rolle. Seine Art diese Werke zu interpretieren hatte
dabei nicht viel mit historisierender Aufführungspraxis zu tun. Richters Vorstellung von Werktreue war
eine andere: dem Werk gerecht zu werden, indem man
seinen ihm eigenen Ausdruck und Gehalt hervor-
bringt. Die Richtung, die er dabei einschlug, konnte
manchmal derjenigen historisierender Aufführungspraxis ähneln. So schreibt Roland Wörner:

«Daß die viel beschworene «Durch-
hörbarkeit» des Klangbilds keine Frage
rudimentärer Minimalbesetzungen, mit
Darmsaiten bespannter Streichinstru-
mente und quäkender Barockoboen sein

---

muß, zeigte Richter mit seiner Kunst, Orchester- oder Chorstimmen dort aus dem Stimmenverbund hervorzuheben, wo sie «etwas zu sagen haben». Von der Orgel her kommend, dachte er immer polyphon: eine Neigung des Oberkörpers zu einer Streichergruppe, der bekannte ausgestreckte Zeigefinger zu einem Blasinstrument, ein Wink an den Chor konnten dem Hörer neue Einsichten über die Partitur vermitteln.»[152]

Die musikalischen Strukturen offenzulegen, war eines der Hauptanliegen Karl Richters, namentlich in Form von polyphonen Gebilden. Seine Interpretationen waren oft das Produkt eingehender Analysen, die dann über das Verstehen der Anlage des Werkes wieder in ein mehr intuitives, situationsabhängiges Musizieren übergingen. So glich kaum eine seiner Aufführungen der anderen.[153] Von Seiten der Anhänger der historisierenden Aufführungspraxis wurde immer wieder Kritik geäußert, mit der Karl Richter jedoch gelassen umging: «Als nach seinen Goldberg-Variationen in Ansbach 1954 die selbsternannten Bach-Spezialisten zu bedenken gaben, dies sei aber

---

[152] Ders. S. 15.
[153] Vgl. ders. S. 20.

kein Bach mehr, gab Richter zurück: «Woher wissen Sie das, haben Sie mit ihm telefoniert?».»[154]

Auch Karl Richter hat sich leider nicht genauer zu seiner Sicht auf die *Goldberg-Variationen* geäußert. Dass er allerdings auch zu Zeiten seiner zweiten Aufnahme dieses Werkes, die 1970 entstand, noch kein Verfechter der immer mehr aufkommenden historischen Interpretationsweise war, zeigt schon die Wahl seines Instruments. Wie für seine meisten Cembalo-Einspielungen, benutzte er das Bach-Cembalo der Firma Neupert.[155] Dieses moderne Instrument mit seinen zwei 8-Fuß-Registern, einem 4-Fuß- und einem 16-Fuß-Register ähnelt baulich und klanglich dem Pleyel-Cembalo, das Wanda Landowska benutzte – als Mischform zwischen Klavier und Cembalo ist es nicht so obertonreich wie ein Cembalo alter Bauart und klingt dumpfer.

Die Musikkritiker sind sich nicht darüber einig, welcher der beiden Aufnahmen Richters von BWV 988 der Vorzug zu geben ist. Wolfgang Schreiber meint: «Richters zweite Einspielung von 1970 hat ungleich größeres Gewicht, bietet bewußt «Interpretation», mit

---

[154] Ebd. S. 10.
[155] Siehe Ingrid und Helmut Kaußler S. 245.

beträchtlichem Kraftaufwand und differenziertem Farbsinn, in sorgfältiger Artikulation.»[156] Wogegen Klaus Peter Richter über diese Aufnahme schreibt: «Trotz aller artikulatorischen Meisterschaft wirkt die Musik derart zurückgenommen, stellenweise geradezu wie verschleiert, daß man dem Label kaum den Interpreten glaubt.»[157] Und auch Ingo Harden Urteil wirkt zwiegespalten, auch wenn es letztlich positiv ausfällt:

> «Hier wird keine muntere musikalische Nachtunterhaltung zelebriert, sondern in strenger Zucht eine Großform des Thomaskantors abgeschritten. Nicht so sehr die Verwandlung, sondern das Gemeinsame der dreißig Variationen rückt ins Zentrum des interpretatorischen Bemühens. So ist denn die ganze Wiedergabe getragen von einem unerbittlich vorwärtsschreitenden Rhythmus. Richter verweilt nirgends, er drängt.»[158]

Dies zeigt, dass die Bewertung von musikalischen Interpretationen zumeist keineswegs über objektive Maßstäbe verfügt. Allerdings steht fest, dass es sich bei Karl Richter um einen herausragenden Bach-

---

[156] Wolfgang Schreiber, S. 105.
[157] Siehe Klaus Peter Richter, S. 25.
[158] Ingo Harden: Rezension in fono forum 1972, Heft 7, S. 538.

Interpreten handelt. Ungeachtet der ab spätestens 1970 verstärkt aufkommenden interpretatorischen Tendenzen, hat auch er sich seinen ganz persönlichen, individuellen Interpretationsstil bewahrt. Dies beides prädestiniert ihn für einen Interpretationsvergleich, der seine Version der *Goldberg-Variationen* von 1970 neben andere bedeutende Interpreten unterschiedlichster Ausprägung stellt.

IV. DIE EINSPIELUNGEN

1. Aria und Einleitung

Hört man die Aria der *Goldberg-Variationen* in den Einspielungen der im vorangegangenen Kapitel beschriebenen Interpreten, so wirken alle Aufnahmen musikalisch frei und gelöst und fast alle haben ein recht langsames Tempo. Einzig Wilhelm Kempff wählt ein rascheres Tempo und spielt offenbar eine andere Melodie, als man sie von der Aria der *Goldberg-Variationen* kennt, denn er spielt keine der vorgegebenen Verzierungen und kleingestochenen Noten. Hört man noch ein wenig genauer hin, ergeben sich weitere Unterschiede zwischen den Interpretationen. Es gibt dynamische Unterschiede, Unterschiede in der Ausführung der Verzierungen, unterschiedliche Artikulation und Phrasierung und noch weitere interpretatorische Differenzen.

Um unsere Interpretationsbetrachtung der sechs Einspielungen zu systematisieren, werden in diesem

Kapitel der Reihe nach neun verschiedene musikalische Kategorien, die für die Interpretation der *Goldberg-Variationen* eine wichtige Rolle spielen, untersucht. Allerdings wird es nicht möglich sein, alle neun Kategorien an allen 30 Variationen detailliert zu untersuchen. Daher werden in jeder Kategorie nur drei Variationen aus den sechs Einspielungen untersucht, um an einzelnen Stellen Detailanalysen durchführen zu können. Häufig wird dies nur an einer der drei Variationen geschehen, wobei die anderen beiden Variationen einer etwas oberflächlicheren Betrachtung unterzogen werden. Indem die Untersuchung mit den ersten drei Variationen beginnt und mit jeder behandelten Kategorie die drei folgenden Variationen in den Mittelpunkt rücken, werden im Laufe der Betrachtung alle 30 Variationen untersucht werden. Die neun musikalischen Kategorien – oder auch Aspekte – sind nach dem Grad ihrer intersubjektiven Nachvollziehbarkeit und Überprüfbarkeit angeordnet: Begonnen wird mit dem relativ gut messbaren Tempo, die jeweils folgende Gruppe von drei Variationen behandelt die Dynamik, die Ornamentik, die Rhythmik, die Artikulation, die Phrasierung, den Kontrapunkt, und die Betrachtung geht mit den Kategorien Stil und Form, die am

122

deutlichsten einen subjektiven Charakter aufweisen, ihrem Ende zu, bevor die letzte Dreiergruppe von Variationen im Hinblick auf alle neun Kategorien untersucht wird. Als Abschluss des Kapitels werden dann überblicksartig noch einmal alle neun Kategorien anhand der 30 Variationen, wie sie von den sechs Interpreten gespielt werden, betrachtet. Diese Zusammenfassung dient der Überprüfung der Ergebnisse aus den Einzeluntersuchungen, die eine bestimmte Kategorie lediglich an drei Variationen betrachtet hatten und soll daher auch als Korrektiv gegen vorschnelle Verallgemeinerungen wirken. Am Ende soll sich ein möglichst genaues Bild von den sechs untersuchten Einspielungen ergeben; gleichsam durch das Zusammensetzen der auf den einzelnen Stationen der Untersuchung gesammelten Mosaiksteine.

2. Tempo (Variationen 1, 2 und 3)

Das offensichtlichste und mithin objektivste Merkmal beim Vergleich von Aufnahmen ist das Tempo. Denn auch wenn es immer wieder agogische Schwankungen

in Form von Ritardandi, Accelerandi und Rubati gibt,
so ist es doch in der Regel leicht möglich, ein unge-
fähres Grundmetrum zu bestimmen. Und so wird in
musikwissenschaftlichen Arbeiten, die sich der Interpretationsanalyse oder dem Interpretationsvergleich
widmen, bevorzugt die Kategorie Tempo zur Untersuchung herangezogen.[159] Freilich haben wir es beim
Tempo gleichzeitig mit einem entscheidenden Aspekt
musikalischer Interpretation zu tun. Denn bei der
Wahl des Tempos handelt es sich zweifellos um eine
grundlegende Entscheidung des Interpreten, zumal
wenn das auszuführende musikalische Werk keine
eindeutigen Tempoangaben vorgibt. Daher fällt die
Wahl des Tempos in unserem Fall besonders ins Gewicht, da Bach in den *Goldberg-Variationen* nur in einigen Fällen direkte Hinweise auf ein zu wählendes
Tempo gibt. Es liegt also beim Interpreten, das
Tempo zu wählen, das er für angemessen hält. Interessant ist nun die Frage, ob die Interpreten ein jeweils
ähnliches Tempo nehmen oder aber sehr unterschiedliche Tempi.

---

[159] Siehe etwa Hermann Gottschewski: Interpretation als
Kunstwerk, sowie Theodor Wohnhaas: Studien zur musikalischen Interpretationsfrage.
124

Tatsächlich gehen die Tempi schon bei der 1. Variation überaus stark auseinander. Wanda Landowska spielt sie mit nur 60 Schlägen pro Minute, wenn man die Viertel als Grundmetrum annimmt.[160] Glenn Gould spielt sie dagegen in einem extrem schnellen Tempo (138) und stellt damit den virtuosen Charakter dieser Variation sehr deutlich heraus. Dies zeigt sich insbesondere in dem starken Kontrast zur vorangegangenen Aria, die er relativ langsam spielt (50). Ähnliches lässt sich für Grete Sultans Interpretation feststellen: Auch sie wählt ein sehr rasches Tempo (112) für die 1. Variation und erzeugt so ebenfalls einen starken Kontrast zur Aria (48). Und auch die dritte Klavieraufnahme von Wilhelm Kempff weist ein relativ schnelles Tempo auf (92). Karl Richter spielt die 1. Variation fast ebenso schnell wie Kempff (84) und Gustav Leonhardt wählt ein deutlich langsameres Tempo (69), er spielt die 1. Variation etwa nur

---

[160] Die angegebenen Tempoangaben geben alle nur näherungsweise die auf den Aufnahmen vorliegenden Tempi wieder, da häufig Temposchwankungen innerhalb ein und derselben Variation festzustellen sind. Sie entsprechen den Angaben der Metronomskala, die dem Grundmetrum der Aufnahmen am nächsten liegen und geben daher das Tempo in Schlägen pro Minute an. Im weiteren Verlauf wird das Grundmetrum nur noch als Zahl, ohne die Angabe «Schläge pro Minute» angegeben.

halb so schnell wie Glenn Gould. Sollte es etwa so sein, dass es sich bei den Aufnahmen mit Klavier um die virtuoseren Interpretationen handelt, die besonders schnelle Tempi enthalten? Doch für solche Vermutungen ist es an dieser Stelle, an der wir erst einen sehr kleinen Teil des Werkes betrachtet haben, noch viel zu früh.

Zudem lässt sich diese Annahme auch nicht lange aufrechterhalten: denn Grete Sultan spielt die 2. Variation im Vergleich zur 1. mit einem deutlich zurückgenommenen Tempo (66, wiederum mit Vierteln als Grundmetrum). Ähnlich langsam sind hier nur Wanda Landowska (69) und Gustav Leonhardt (72), etwas rascher Karl Richter (80). Wilhelm Kempff spielt sie schon um einiges schneller (92), das Tempo der 1. Variation aufrechterhaltend. Und vollends tut dies Glenn Gould, der sein extrem schnelles Tempo der 1. Variation zwar zurücknimmt, aber immer noch das schnellste Tempo unter den sechs Interpreten vorlegt (108). Deutlich werden hier schon Unterschiede in der Dramaturgie: Während Gould im Wechsel von der 1. zur 2. Variation ein schnelles Tempo beibehält, wechselt Sultan wieder zurück zu einem recht langsamen, wodurch die Kontraste zwischen den einzelnen Stücken durch die Tempowahl –

langsame Aria, schnelle 1. Variation, langsame 2. Variation – besonders klar hervortreten. Im Gegensatz hierzu stehen Wanda Landowska und Gustav Leonhardt, die durchweg ein langsames Tempo wählen. Ähnlich Karl Richter, der die 2. Variation nur ein wenig langsamer spielt als die 1. und auch Wilhelm Kempff – allerdings durchweg etwas schneller –, der sein Tempo von der 1. zur 2. Variation aufrechterhält. Grete Sultan ist somit die einzige, die im Wechsel von der ersten zur zweiten Variation deutlich langsamer wird.

Für die 3. Variation, den ersten Kanon innerhalb des Werkes, ist bei allen Aufnahmen eine Verlangsamung des Tempos festzustellen. Besonders deutlich bei Gould (112 in der 2. zu 76, auf ein Grundmetrum einer punktierten Viertel, in der 3. Variation) und Kempff (92 zu 60), aber auch bei Richter (80 zu 56). Weniger deutlich bei Sultan (66 zu 56), die schon bei Variation 2 ein langsameres Tempo wählt und kaum merklich bei Landowska (69 zu 63) und Leonhardt (72 zu 69). Landowskas und Leonhardts Interpretation der ersten drei Variationen zeichnet sich also durch ein fast gleichbleibendes, langsames Tempo aus. Das Gegenbild hierzu ist die Interpretation Grete Sultans, die die 1. Variation deutlich schneller spielt als die beiden folgenden. Glenn Gould fällt durch extrem schnelle Tempi auf. Kempff und Richter durch das Vermeiden von tempomäßigen Extremen.

Ist hiermit nun schon eine Richtung angegeben, die bereits Tendenzen der gesamten Interpretation des Werkes durch diese sechs Künstler enthält? Wir werden dies sehen, indem wir die Wahl der Tempi als eine wesentliche Kategorie unseres Interpretationsvergleichs im Auge behalten. Eines fällt jedoch auf: Die Interpreten werden alle bis auf Landowska und Leonhardt von der 1. zur 3. Variation hin kontinuierlich langsamer. Hat dies etwas zu sagen? Liegt die Antwort hierfür in musikalischen Eigenschaften, die diesen drei Variationen innewohnen? Zu bedenken wäre hier die These Heinz Hermann Niemöllers, dass Bach in den ersten drei Variationen das Schema modifiziert hat, das er für die übrigen Variationen verwendete: die Positionen 1 und 2 dieses Schemas sind hier vertauscht.[161] Das heißt, die von Niemöller so bezeichnete virtuose Polonaise steht an erster Stelle, das suitensatzartige Stück an zweiter. Dies wäre eine Erklärung für unsere Beobachtung, dass die meisten Interpreten die erste der drei Variationen am schnellsten

---

[161] Siehe Niemöller S. 15f.

128

spielen. Denn möglicherweise werden sie damit dem musikalischen Charakter der Variationen gerecht.

3. Dynamik (Variationen 4, 5 und 6)

Der zweite Schritt unserer Interpretationsbetrachtung soll die Dynamik zum Thema haben. Auch diese musikalische Kategorie lässt sich noch relativ genau durch das Gehör bestimmen und ist, ebenso wie das Tempo, ein wesentlicher Aspekt musikalischer Interpretation.[162] Hinzukommt, dass die *Goldberg-Variationen* keine direkten dynamischen Vorgaben enthalten und also auch diese Entscheidung in weitgehendem Maße beim Interpreten liegt. Allerdings lassen Bachs Angaben über die Verwendung von zwei Manualen in

---

[162] Wobei die hier verwendeten Begriffe forte, mezzoforte, piano usw., mehr noch als bei der Kategorie Tempo, nur näherungsweise die tatsächliche Lautstärke der Aufnahmen wiedergeben und von der persönlichen Auffassung der genauen Bedeutung dieser Begriffe abhängen. Es wird allerdings davon ausgegangen, dass die hier genannten dynamischen Angaben für jedermann nachvollziehbar sind, auch wenn sie gegebenenfalls von der je eigenen Empfindung abweichen mögen. Wenn hier also Objektivität (die nur durch exakte Messung und Angabe in Dezibel erreicht würde) gar nicht angestrebt wird, so doch eine gewisse Intersubjektivität, im Sinne einer allgemeinen Nachvollziehbarkeit.

einer Reihe von Variationen Rückschlüsse auf intendierte dynamische Kontraste zwischen Unter- und Oberstimme zu. Die von uns nun zu betrachtende zweite Dreiergruppe von Variationen (Nr. 4, 5 und 6) enthält keine Tempoangabe Bachs, allerdings die Vorgabe, die Variation 5 *a 1 ovvero 2 Clav.* – mit ein oder zwei Manualen – zu spielen. Die Schwierigkeit der dynamischen Bestimmung der Cembaloaufnahmen besteht jedoch darin, dass ein unterschiedlich lautes Spiel durch Veränderung der Anschlagsstärke nicht möglich ist. Dynamische Unterschiede entstehen hier nur mittelbar durch die verschiedenen Register, die einen unterschiedlichen Klangcharakter und deshalb auch eine unterschiedliche Klangfülle besitzen. Es ist diese Klangfülle, die vom Hörer als stärkere oder schwächere Dynamik empfunden wird und subjektiv in dynamische Kategorien wie piano und forte übersetzt werden kann.

Wanda Landowska wechselt innerhalb der Variation 4 die Registrierung, wobei sie den ersten Teil der Variation zunächst mezzoforte spielt, die Wiederholung dann aber mezzopiano. Diese Hörempfindung ergibt sich aus der Benutzung der beiden zusammengeschalteten 8-Fuß-Register beim ersten Durchgang und dem Spiel auf nur einem 8-Fuß-Register bei der

130

Wiederholung. Entsprechend registriert spielt sie den zweiten Teil: zunächst mezzoforte, die Wiederholung dann mezzopiano. Die virtuose Variation 5 spielt sie durchgehend auf den beiden Manualen mit einfachem 8-Fuß-Register in mezzopiano und den Kanon Nr. 6 auf einem Manual mit 8-Fuß-Register in mezzopiano. Glenn Gould spielt die Variation 4 forte, sehr energisch und nachdrücklich. Ebenso beginnt er die Variation 5 in forte, spielt jedoch den zweiten Teil etwas zurückgenommen in mezzoforte, die Variation 6 dann ganz zurückgenommen in piano. Grete Sultan interpretiert die drei Variationen dynamisch etwas zurückhaltender: Sie beginnt die Variation 4 in forte, spielt sie allerdings ab der Wiederholung des ersten Teils in mezzoforte. In Variation 5 verfährt sie spiegelverkehrt: Sie spielt sie zunächst in mezzoforte, aber die Wiederholung des zweiten Teils dann etwas lauter, quasi in forte. Variation 6 dann, ähnlich wie Landowska und Gould, in piano.

Etwas anders geht Gustav Leonhardt vor: Auch er nimmt Variation 4 mit einer Registrierung in forte oder beinahe forte, indem er beide 8-Fuß-Register zusammenschaltet. Die virtuose Variation 5 jedoch spielt er ganz zurückhaltend in einer Registrierung mit einfachem 8-Fuß-Register auf beiden Manualen in piano, wogegen er den Kanon in der Sekunde, Variation 6, wieder etwas lauter mit den zusammengeschalteten 8-Fuß-Regsitern in mezzoforte oder forte spielt. Wilhelm Kempff dagegen hat hier keine großen dynamischen Wechsel vorgesehen. Er bleibt in allen drei Variationen mehr oder weniger im Bereich von mezzoforte, wobei er in der virtuosen Variation 5 – Leonhardt nicht unähnlich – in Richtung mezzopiano geht und Variation 6, den Kanon, eher forte spielt. Karl Richter verfolgt eine eigensinnige dynamische Linie; dies zunächst wie Landowska mit einer dynamischen Binnenstruktur innerhalb von Variation 4. Er spielt den ersten Teil zunächst in mezzoforte mit 8- und 4-Fuß-Register, die Wiederholung dann in piano mit 8-Fuß-Register mit Lautenzug, ebenso den zweiten Teil zunächst mezzoforte und dann wiederum in piano. Die Variation 5 dann einheitlich in mezzoforte mit zusammengeschalteten 8-Fuß-Registern und die Variation 6 in forte, mit einer vollen Registrierung mit zusammengeschalteten 8-Fuß-Registern und 16-Fuß-Register.

Es treten ganz unterschiedliche dynamische Auffassungen von den einzelnen Variationen zutage. Während Gould und Sultan Variation 4 und 5 eher laut spielen, den Kanon aber dann in piano, beschreiten Richter und Kempff den umgekehrten Weg und spielen den Kanon lauter als die beiden vorangegangenen Variationen. Auffällig anders interpretiert Leonhardt diese Dreierfolge, indem er die virtuose Variation 5 als einziger wirklich piano spielt. Wanda Landowska wird als einzige innerhalb dieser Dreiergruppe kontinuierlich leiser.

Wenn wir die ersten drei Variationen zum Vergleich heranziehen, fällt auf, dass die sechs Interpretationen ein einheitlicheres Bild abgeben als in der zweiten Dreierfolge. Vier Interpreten werden dort tendenziell von forte (Sultan, Richter) oder mezzoforte (Gould, Kempff) in der Variation 1, über mezzopiano (Gould, Sultan) oder piano (Kempff, Richter) in Variation 2, zu einhelligem piano (Gould, Sultan, Kempff, Richter) in Variation 3 kontinuierlich leiser. Bei Wanda Landowska ist die dynamische Entwicklung nicht so eindeutig. In Variation 1 wechselt sie noch die Registrierung innerhalb der Variation zweimal von mezzopiano zu mezzoforte, spielt dann aber die Variationen 2 und 3 in einheitlichem mezzopiano. Einzig Gustav Leonhardt wählt für alle drei Variationen dieselbe Registrierung in mezzoforte und verzichtet hier auf dynamische Differenzierungen zwischen den Variationen. Bei den anderen Interpreten führt dies im Übergang von Variation 3 zu Variation 4 zu einem schroffen dynamischen Wechsel von piano zu forte (Gould) beziehungsweise mezzoforte (Sultan, Kempff, Richter) in vier Interpretationen. Wollen diese vier Interpreten damit bewusst die Dreiergliederung, die dem Werk zugrunde liegt, betonen oder führen sie nur etwas aus, das den Variationen als musikalische Eigenschaft innewohnt – im Fall der Variation 4 etwa, dass sie forte gespielt werden sollte? Greifen wir nun kurz zur vorherigen Kategorie des Tempos zurück. Welche Auffälligkeiten im Verhältnis von Tempo und Dynamik springen dabei ins Auge? Für die ersten drei Variationen fällt eine eindeutige Antwort nicht schwer: Eine Reduzierung des Tempos geht mit einer Reduzierung der Lautstärke einher. Die erste virtuose Variation wird dementsprechend laut und schnell gespielt, die zweite etwas leiser und langsamer und die dritte, der Kanon, langsam und leise. Auch wenn dieses Schema ein wenig verallgemeinert, so trifft es bis auf die Ausnahmen von Wanda Landowskas und Gustav Leonhardts Interpretation doch ungefähr zu. Landowska und Leonhardt spielen dagegen alle drei Variationen etwa gleich langsam und dynamisch relativ undifferenziert. In den drei folgenden Variationen greift dieses simple Schema jedoch nicht mehr, wie wir an der sehr unterschiedlichen dynamischen Gestaltung gesehen haben. Für die Tempogestaltung lässt sich dennoch ein ähnliches Schema feststellen, das in der Folge langsam - schnell - langsam für die Variationen 4, 5 und 6 zutrifft, hier sogar für Gustav Leonhardt. Dies verwundert nicht weiter, wenn man bedenkt, dass das virtuose Stück hier nun in der Mitte der Dreiergruppe steht, wie in allen folgenden Variationen bis zur Schlussgruppe. Abgesehen von Glenn Goulds Interpretation (der in Variation 5 und 6 deutlich schneller ist) und einen Ausreißer von Karl Richter (der in Variation 4 ein wenig langsamer ist als die übrigen Interpreten) sind die Tempi relativ homogen.[163]

---

[163]Var. 4 (auf ein punktiertes Viertel als Grundmetrum): Landowska 60, Gould 69, Sultan 63, Leonhardt 60, Kempff 69, <u>Richter 50</u>.
Var. 5 (auf ein Viertel als Metrum): Landowska 112, <u>Gould 176</u>, Sultan 120, Leonhardt 100, Kempff 112, Richter 105.
Var. 6 (auf ein punktiertes Viertel als Metrum): Landowska 48, <u>Gould 72</u>, Sultan 44, Leonhardt 44, Kempff 56, Richter 52.

4. Ornamentik (Variationen 7, 8 und 9)

Auch die dritte Kategorie, die wir nun untersuchen wollen, lässt sich noch einigermaßen klar mit dem Gehör bestimmen: die Ornamentik. Allerdings treten hier Schwierigkeiten auf, herauszufinden, wie ein Interpret ein bestimmtes Ornament genau spielt, die auch nach vielfachem Hören noch einen Rest von Unsicherheit bestehen lassen. Die hier zu präsentierenden Ergebnisse können also wiederum nur eine möglichst genaue Annäherung an die in ihrer Feinmaschigkeit schwer zu fassenden musikalischen Interpretationen sein.

Was die Ornamentik für unsere Interpretationsbetrachtung so interessant macht, ist, dass dem Interpreten auch hier wieder eine weitgehende gestalterische Freiheit gegeben wird. Wenden wir uns nun den ersten Takten der 7. Variation zu, in denen Bach bereits eine Reihe von Ornamenten vorschreibt. Sie sollen uns hier zu einem genaueren Vergleich zwischen den sechs Interpretationen dienen:

Wanda Landowska spielt beide Mordente des ersten Takts, variiert aber, indem sie den zweiten als zweimaligen Wechsel von Haupt- und Nebennote und doppelt so schnell wie den ersten Mordent spielt:

Sie macht damit einen Unterschied zwischen dem ersten und dem zweiten Mordent, wobei der zweite durch den zweifachen schnellen Wechsel mehr Bedeutung erhält als der erste, den sie auf gängige Weise spielt. Strukturell ließe sich das damit begründen, dass der zweite Mordent eine wesentlich längere Note einleitet als der erste, mithin also für einen längeren Mordent geeignet ist. Ob dies aber der Grund ist, bleibt offen. Wahrscheinlich ist nur, dass es sich bei dieser Ausführung um eine bewusste Hervorhebung des zweiten Mordents handelt. Karl Richter macht ebenfalls einen Unterschied zwischen erstem und zweitem Mordent, allerdings dadurch, dass er den zweiten einfach weglässt:

Es scheint also, als ob er im Gegensatz zu Landowska den zweiten Mordent für überflüssig hält, den ersten mithin also für wichtiger. Möglicherweise will er also den Anfang der Variation betonen. Glenn Gould hingegen lässt gleich beide Mordente weg, hält sie also scheinbar beide für überflüssig. Und Grete Sultan und Gustav Leonhardt spielen beide Mordente auf herkömmliche Weise, ohne einen Unterschied zwischen erstem und zweitem zu machen:

Diese Wiedergabe ist dem Notentext insofern am nächsten, als Bach zwei prinzipiell gleiche Mordente vorgibt. Dennoch mag es sich bei der Spielweise Landowskas um die intelligentere Lösung handeln, da sie durch ihre Interpretation eine zusätzliche Differenzierung erreicht. Ob das Weglassen von vorgegebenen Verzierungen wie bei Richter, Gould oder gar Kempff, der alle Verzierungen ignoriert, eine adäquate Lösung darstellt, lässt sich nur entscheiden, wenn man die Interpretation einer ganzen Variation betrachtet und nach ihrer Differenziertheit beurteilt. Wir wollen aber zunächst mit unserer Detailanalyse fortfahren und kommen zum zweiten Takt. Hier sind
138

sich gleich vier unserer Interpreten einig. Landowska, Sultan, Leonhardt und Richter spielen den ersten Pralltriller als einfachen Wechsel von Haupt- und Nebennote:

Glenn Gould weicht hier als einziger ab, indem er statt des Pralltrillers einen Mordent von der Nebennote aus spielt:

Landowska, Sultan und Leonhardt spielen den zweiten Pralltriller in diesem Takt in schon gehabter Weise, von der Hauptnote als einfachen Wechsel. Und auch Gould schließt sich hier dieser Spielweise an. Es weicht Karl Richter vom Schema ab und spielt den vorgeschriebenen Pralltriller als Mordent von der Nebennote:

Wilhelm Kempff ist, was die Ornamentik angeht, wie schon gesagt, ein Sonderfall: Er spielt nur den nackten Notentext und höchstens einmal einen Vorschlag. Im dritten Takt herrscht zunächst große Einigkeit: Alle spielen den Mordent in herkömmlicher Weise als einfachen Wechsel von Haupt- zu Nebennote. Doch in der Unterstimme wird auf einmal hinzugefügt statt weggelassen. Landowska und Gould spielen in der zweiten Takthälfte einen Mordent, wo Bach gar keinen schreibt:

Und auch Richter fügt an dieser Stelle eine Verzierung hinzu, allerdings einen Mordent, von der Nebennote:

Es scheint sich also aus strukturellen Gründen anzubieten, hier eine Verzierung einzufügen, wenn dies gleich drei Interpreten tun. Und wirklich handelt es sich um die erste Takthälfte der Variation 7, die nicht mit einer Verzierung beginnt. Es ist also naheliegend, an dieser Stelle etwas hinzuzufügen. Allerdings ist es

140

möglicherweise logischer, hierfür einen Mordent zu wählen, wie das Landowska und Gould tun, als einen Pralltriller wie Richter. Denn es fällt auf, dass Bach in den ersten Takten Mordente und Pralltriller immer taktweise einsetzt, so dass erstere in den ungeraden, die zweiten in den geraden Takten vorkommen. Der vierte Takt beginnt so auch wieder mit einem Pralltriller. Landowska, Sultan und Leonhardt spielen ihn als einfachen Wechsel von Haupt- zu Nebennote. Gould und Richter dagegen spielen ihn als Mordent von der Nebennote aus:

Wie lassen sich die Verzierungskonzepte dieser fünf Interpreten anhand der ersten vier Takte darstellen? Wanda Landowska beginnt mit einer differenzierten Spielweise der beiden Mordente im ersten Takt und spielt dann die übrigen Ornamente in herkömmlicher Weise von der Hauptnote aus als einfachen Wechsel. Im dritten Takt fügt sie in der zweiten Takthälfte einen Mordent ein; möglicherweise dem Schema von taktweisem Wechsel von Mordent und Pralltriller folgend. Glenn Gould beginnt die 7. Variation ohne die zwei Mordente im ersten Takt zu spielen, vielleicht um die bloße Basslinie zu erhalten. Er spielt die Pralltriller in der Oberstimme in Takt 2 und 4 einheitlich als zweimaligen Wechsel von der Nebennote aus und wird damit ihrer analogen Stellung innerhalb der Melodie gerecht. Der Interpretation Wanda Landowskas entsprechend, fügt er einen Mordent im dritten Takt in der Unterstimme ein.[164]

Grete Sultan spielt hier dagegen wenig differenzierte Ornamente. Sie entsprechen alle dem einfachen Wechsel von Haupt- und Nebennote. Sultan spielt alle vorgegebenen Verzierungen und fügt nichts hinzu. Eine besondere gestalterische Absicht auf dieser Ebene lässt sich demnach nicht erkennen. Erstaunlicherweise lässt sich für Gustav Leonhardt dasselbe sagen; dies wiegt aber schwerer als bei Sultan, da er mit dem Cembalo über ein Instrument verfügt, das für das Spielen von Verzierungen sicherlich besser geschaffen ist als der moderne Flügel.

---

[164] Interessant zu wissen wäre, ob Gould die 1945er-Aufnahme von Landowska kannte und sie ihm möglicherweise auch als Vorbild diente. Kevin Bazzana weist jedoch darauf hin, dass gerade Goulds Einspielung der *Goldberg-Variationen* von 1955 häufig als bewusste Konfrontation mit früheren Interpreten, unter anderem mit Landowska, verstanden wurde. Siehe Bazzana S. 291.

Ob man Wilhelm Kempffs Entschluss, alle Pralltriller und Mordente wegzulassen, als negativ bewerten sollte, ist keine einfache Entscheidung. Denn einerseits bedeutet dieses Weglassen ein schwerwiegendes Eingreifen in den Notentext, andererseits könnte man argumentieren, dass es sich nur um Verzierungen handelt, der eigentliche Notentext also unverändert bleibt. Insofern könnte man diesen Entschluss auch als eine einfache und elegante Lösung ansehen; wir werden zu dieser Frage an späterer Stelle noch zurückkommen. Bei Karl Richter finden wir dann wieder ein differenzierteres Bild vor: Er spielt nur den ersten Mordent des ersten Takts, den zweiten lässt er weg. Er durchbricht das taktweise Schema vom Mordent-Pralltriller-Wechsel, indem er im dritten Takt einen Pralltriller einfügt. Hierdurch entsteht in der Unterstimme eine reizvolle Basslinie, die vom Pralltriller in der Unterstimme des zweiten Taktes ihren Anfang nimmt und über den Septsprung und den Pralltriller des dritten Takts eine Oktave überwindet. Hervorgehoben wird diese Linie durch das Spielen der Triller von der Nebennote aus, das Richter interessanterweise mit Gould gemeinsam hat. Die Basslinie mündet gleichsam im Pralltriller der Oberstimme in Takt 4, wo sie das eingestrichene d erreicht. Dadurch dass Richter diesen Pralltriller wiederum von der Nebennote spielt, erreicht er eine Analogie zu den vorangegangenen Pralltrillern der Unterstimme, durchbricht aber die melodische Analogie, die zwischen diesem und dem erstem Pralltriller in der Oberstimme in Takt 2 besteht und die Gould durch sein Spiel hervorhebt.

Doch schauen wir, ob sich diese Befunde unserer kurzen Detailanalyse im weiteren Verlauf der Variation 7 bestätigen, oder ob sie vielleicht zu erweitern sind. Einen Typ von Ornament, den wir noch gar nicht behandelt haben, ist der Vorschlag. In Takt 8 der Variation 7 ist ein Vorschlag vorgeschrieben. (Die Takte 5, 6 und 7 enthalten keine Verzierungen.) Wanda Landowska spielt diesen relativ lang, als Achtel:

Ebenso spielt ihn Grete Sultan. Glenn Gould und Gustav Leonhardt hingegen spielen ihn etwas länger:

144

Wilhelm Kempff spielt den Vorhalt nicht und Karl Richter spielt ihn recht kurz:

In Takt 9 sind dann ein Pralltriller in der Unterstimme und, in der zweiten Takthälfte, ein Mordent in der Oberstimme vorgeschrieben. Alle fünf Interpreten führen diese Ornamente auf herkömmliche Weise aus; will sagen als einfachen Wechsel von Haupt- und Nebennote. Doch Leonhardt fügt hier nun doch etwas hinzu: einen herkömmlichen Pralltriller auf der ersten Zählzeit in der Oberstimme, so dass beide Hände zugleich einen Pralltriller spielen; den Mordent auf der zweiten Zählzeit führt er zudem ebenfalls als Pralltriller aus:

Im weiteren Verlauf spielt Wanda Landowska den Mordent im Takt 10 verlängert mit 64steln, in Takt 11 fügt sie in der Unterstimme auf die zweite Takthälfte einen einfachen Mordent hinzu und spielt den

Vorschlag in Takt 15 sehr kurz als 32stel, den in Takt 16 relativ lang als Achtel. Den zweiten Teil der Variation 7 leitet sie, dem ersten Teil entsprechend, durch einen hinzugefügten Mordent auf der ersten Bassnote ein, spielt dann aber nicht einen verlängerten Mordent auf der zweiten Takthälfte, wie die Analogie zu Takt 1 nahegelegt hätte, sondern lässt diese Verzierung weg. Den Vorhalt am Schluss spielt sie wiederum ziemlich lang, als Achtel. Glenn Gould hingegen fügt in den ersten 16 Takten der Variation keine weitere Verzierung mehr hinzu, den Vorschlag in Takt 15 lässt er weg, den in Takt 16 nimmt er sehr lang als punktiertes Viertel, so dass Vorschlag und Hauptnote die gleiche metrische Länge erhalten. Im zweiten Teil der Variation führt er die vorgeschriebenen Ornamente auf herkömmliche Weise aus.

Auch Grete Sultan spielt den Vorschlag in Takt 16 als punktiertes Viertel. Ansonsten ist bei ihr keine weitere Differenzierung zu beobachten. Gustav Leonhardt, bei dem wir schon das Hinzufügen eines Pralltrillers in Takt 9 feststellen konnten, spielt den Vorschlag in Takt 15, wie Landowska, als 32stel, den Vorschlag in Takt 16 entsprechend, ergänzt durch einen direkt anschließenden Mordent. Dementsprechend ergänzt er einen Vorschlag in Takt 31 als 32stel, sowie einen weiteren in Takt 32, ebenfalls ein 32stel, wie in Takt 16 mit hinzugefügtem Mordent. Unsere Aussage, dass Leonhardt keine zusätzlichen Verzierungen einfügt, lässt sich also nicht aufrechterhalten.

Karl Richter spielt den Vorschlag in Takt 15 als Sechzehntel. Den Vorschlag in Takt 16 spielt er als Bestandteil eines Mordents von der Nebennote, als 32stel-Triole. Zusätzlich fügt er hier in der Unterstimme auf der zweiten Zählzeit einen einfachen Mordent hinzu. Im zweiten Teil der Variation ist nichts auffällig, bis auf die Anbringung eines einfachen Mordents auf der Schlussnote der Oberstimme, was Leonhardts Version nicht unähnlich ist.

In der virtuosen zweimanualigen Variation 8 verwendet Bach lediglich zwei Verzierungen: einen Pralltriller und einen Vorschlag in Takt 24. Fünf Interpreten führen den Pralltriller nahezu identisch aus: Landowska, Leonhardt und Richter, also alle drei Cembalisten, als 32stel-Triole, so dass nicht auf der erreichten Hauptnote verweilt wird. Gould und Sultan spielen den Pralltriller ein wenig schneller, Haupt- und Nebennote als 64stel, die erreichte Hauptnote als 32stel, so dass kurz auf ihr verweilt wird. Wilhelm Kempff spielt diese Verzierung erwartungsgemäß nicht. Der sich anschließende Vorschlag wird überraschend einheitlich von Landowska, Gould, Sultan und Richter als Achtel, und somit als langer Vorschlag, gespielt. Leonhardt spielt ihn dagegen sehr kurz, als 32stel, und scheint ihn metrisch ein wenig vorzuziehen, so dass er noch während der zweiten Zählzeit im Takt erklingt. Es ist also Leonhardts Interpretation, die sich in diesem Detail von den anderen unterscheidet. Allerdings spielt auch Wilhelm Kempff an dieser Stelle einen kurzen Vorschlag, als Sechzehntel.

Die 9. Variation, der Kanon in der Terz, bietet wieder mehr Möglichkeiten zur Verzierung: in Takt 12 und 13 jeweils einen Vorschlag und einen Pralltriller und im letzten Takt einen Pralltriller. Wanda Landowska lässt die beiden Vorschläge weg und spielt die Pralltriller als einfache Wechsel von der Hauptnote. Den Pralltriller am Ende der Variation spielt sie von der Nebennote, auf der sie kurz verweilt, bevor sie den Triller spielt; also: 32stel, zwei 64stel und Erreichen der Hauptnote. Glenn Gould lässt neben den beiden Vorschlägen auch die anschließenden Pralltriller weg und spielt nur den abschließenden Pralltriller, als einfachen Wechsel von Haupt- und Nebennote. Die in Variation 7 gezeigte Tendenz zum Weglassen von einzelnen Verzierungen zeigt sich hier erneut. Auch

Grete Sultan spielt die beiden Vorschläge nicht, die beiden Pralltriller jedoch verlängert, als zweifachen Wechsel von der Hauptnote. Den Pralltriller in Takt 16 spielt sie dagegen von der Nebennote aus. Diese Differenzierung zwischen den Pralltrillern in Takt 12 und 13 und dem in Takt 16 stellt unser in Variation 7 gewonnenes Bild von einer undifferenzierten Wiedergabe der Ornamente in Frage. Gustav Leonhardt lässt ebenfalls die Vorschläge weg und macht auch einen Unterschied zwischen den beiden Pralltrillern in Takt 12 und 13, die er beide als einfache Wechsel von der Hauptnote ausführt und dem am Ende des Stückes, den er von der Nebennote aus spielt. Karl Richter spielt von den Verzierungen in Takt 12 und 13 lediglich den ersten Pralltriller, verlängert, als zweifachen Wechsel von der Hauptnote; er ist, was das Weglassen von Verzierungen angeht, Glenn Goulds Interpretation erneut nicht unähnlich. Den abschließenden Pralltriller führt er dann von der Nebennote aus, in der Wiederholung als verlängerten Pralltriller. Wilhelm Kempff spielt keine der hier vorgeschriebenen Verzierungen.

Lässt sich aus der Betrachtung dieser drei Variationen nun schon ein einheitliches Bild machen? Sicherlich noch nicht. Aber zumindest sind Tendenzen zu erkennen. Wir können sagen, dass die Interpretationen von Landowska, Gould und Richter in diesen drei Variationen die differenziertere Verzierungspraxis aufweisen. Die vielfältigsten Verzierungen spielt sicherlich Wanda Landowska. Die vielleicht naheliegende Annahme jedoch, die Cembalo-Aufnahmen müssten eine vielfältigere Ausführung von Verzierungen aufweisen, lässt sich, zumindest so einfach, nicht aufrechterhalten. Vielmehr ergeben sich interessante Parallelen, wo man sie vielleicht nicht vermutet hätte: Gould und Richter zeichnen sich durch relativ häufiges Weglassen vorgeschriebener Ornamente aus sowie durch ihre strukturell durchdachte Platzierung; Sultan und Leonhardt dagegen eher durch eine herkömmliche Wiedergabe, wobei es besonders bei Leonhardt auch Gegenbeispiele hierfür gibt. Um herauszufinden, ob sich die hier aufgezeigten Tendenzen auch in der Interpretation der anderen Variationen bestätigen oder nicht, werden wir auch den Aspekt der Ausführung von Verzierungen weiterhin beachten müssen.

5. Rhythmus (Variationen 10, 11 und 12)

In den *Goldberg-Variationen,* wie auch sonst im Werk
Johann Sebastian Bachs, gibt es eine enorme Vielfalt
an rhythmischen Formen: ständige Taktwechsel,
Wechsel von einem rhythmischen Gestus zum anderen, virtuose Läufe, in sich ruhende, kantable The-
men. Für die musikalische Interpretation ist die Art
und Weise wie diese rhythmische Vielfalt dargestellt
wird ein nicht unerheblicher Aspekt, er kann sogar
manchmal zur entscheidenden Komponente einer ge-
lungenen Interpretation werden. Fasst man den Begriff des Rhythmus weit, als zeitliche Organisation der
Töne, so können auch agogische Schwankungen zu
dieser Kategorie gerechnet werden, die man sonst
auch unter dem Thema Tempo hätte abhandeln können. Wir werden die agogischen Schwankungen als
Aspekt des Tempos behandeln.[165]
Beschäftigen wir uns aber zunächst mit der Frage der
Betonung der schweren Zeit im Takt. In der im Zwei-
halbetakt stehenden 10. Variation fällt bei Wanda

---

[165] Wir werden in dieser Vorgehensweise von Paul
Badura-Skoda bestätigt, der agogische Schwankungen in
seinem Buch im Rhythmus-Kapitel abhandelt, siehe ebd.
S. 31ff.

Landowska auf, dass sie neben der Eins teilweise die das letzte Viertel im Takt betont, wodurch sie den Ablauf des Fugenthemas metrisch verunklart. Dies geschieht in Takt 3, 6, 7, 10, 11 und dann im zweiten Teil wieder in Takt 18 und 19. Das Thema dieser dreistimmigen Fuge erhält hierdurch, neben der von Bach notierten, eine zweite metrische Lesart, indem der Taktstrich um ein Viertel nach vorn verschoben wird. Freilich ist diese Verschiebung nur latent, da Landowska die notierten Taktstriche nicht völlig in Frage stellt und auch die Eins im Takt leicht betont. Aber die Betonungen auf dem letzten Viertel im Takt sind hörbar, eine leichte Tendenz zur metrischen Verschiebung ist spürbar. Dies ist ein reizvoller metrischer Effekt. Bei den anderen Interpreten tritt diese Verschiebung nicht auf: Glenn Gould betont klar die Eins, Grete Sultan und Gustav Leonhardt ebenso, auch Wilhelm Kempff; nur bei Karl Richter ist die Betonung der Eins weniger deutlich, was auch instrumententechnische Gründe haben mag. Größere agogische Schwankungen treten nur bei Wanda Landowska und Gustav Leonhardt am Ende der Variation 10 als leichtes Ritardando auf.

In der im Zwölfsechzehnteltakt stehenden Variation 11 zeigt Landowskas Interpretation keine klare

Betonung der Taktschwerpunkte. Gould dagegen betont wieder die erste Zählzeit, sowie zum Teil auch die dritte (insofern man den Takt als Vierertakt auffasst). Bei Sultan ist keine Betonung der schweren Zeiten im Takt hörbar, bei Leonhardt hingegen eine Betonung der Eins und der Drei. Kempff betont lediglich die erste Zählzeit und das nur teilweise, Richter betont die Taktschwerpunkte überhaupt nicht. Agogische Schwankungen sind wiederum vor allem am Ende der Variation festzustellen: Landowska wird jeweils am Ende eines jeden Teils der Variation langsamer, auch Gould setzt ein leichtes Ritardando am Schluss der Variation. Sultan verzichtet auf diesen Effekt und Leonhardt macht es ähnlich wie Landowska: Er ritardiert jeweils am Ende der beiden Teile. Allerdings kommt bei ihm scheinbar noch etwas hinzu. Im zweiten Teil der Variation 11 baut er im Übergang von Takt zu Takt ein fast unmerkliches Innehalten ein: Er ritardiert jeweils leicht auf dem letzten Sechzehntel von Takt 20, 21 und 22, sowie 26, 27 und 28, um dann auch auf der ersten Zählzeit des neuen Taktes ein wenig innezuhalten. Auf diese Weise markiert er den harmonischen Wechsel, der an diesen Stellen eintritt und verdeutlicht so die harmonische Struktur der Musik.

Bei Wilhelm Kempff ist am Ende der Variation 11 ein deutliches Ritardando zu hören, bei Karl Richter gibt es keine größeren agogischen Schwankungen.

Der Dreivierteltakt der Variation 12 wird von Wanda Landowska nicht sonderlich hervorgehoben, Glenn Gould betont die Eins zum Teil sehr deutlich in der linken Hand. Grete Sultan verzichtet auf ein Betonen des metrischen Verlaufs sowie auch Gustav Leonhardt. Dasselbe lässt sich über Kempff und Richter sagen. Die agogischen Schwankungen beschränken sich hier wieder auf Schlussritardandi: bei Landowska und Kempff ein großes Ritardando am Ende der Variation 12, bei Leonhardt und Richter jeweils ein leichtes Ritardando am Ende der beiden Teile der Variation. Glenn Gould und Grete Sultan spielen hier kein Ritardando.

Diese Beobachtungen bringen uns sicherlich noch nicht sehr weit. Allenfalls sind leichte Tendenzen zu erkennen: Landowska und Leonhardt setzen in allen drei Variationen ein Schlussritardando, zudem unterwirft Landowska das Fugenthema von Variation 10 einer alternativen metrischen Gliederung. Leonhardt benutzt in Variation 11 leichte Ritardandi um die harmonischen Wechsel im zweiten Teil zu verdeutlichen. Glenn Gould, aber auch Gustav Leonhardt, betonen durch ihr Spiel die metrische Gliederung der Musik. Grete Sultan und Karl Richter halten sich mit rhythmischen Gestaltungsmöglichkeiten zurück, betonen weder sonderlich das Taktschema, noch machen sie von agogischen Schwankungen Gebrauch. Wilhelm Kempff stellt hier so etwas wie eine mittlere Lösung dar, indem er zwei von drei Mal ein Schlussritardando einfügt, sowie das Taktschema teilweise hervorhebt.

Im Fall der agogischen Schwankungen zeigen sich die Mängel unseres Ansatzes, mit dem reinen Gehör Ergebnisse erzielen zu wollen. Es liegt auf der Hand, dass wir hier mit exakten Messmethoden zu ganz anderen Ergebnissen kommen könnten, da auf diese Weise eigentlich fast immer minimale Temposchwankungen feststellbar sind, die wir so nicht hören, weil sie wirklich unmerklich sind. Mit unserer Methode sind wir auf ein gröberes Raster beschränkt. Es fragt sich jedoch, ob durch die Kombination rhythmischer Aspekte mit anderen Parametern wie Tempo und Dynamik auch mit unserem Ansatz weitergehende Erkenntnisse erzielt werden können. Etwa in der Variation 12, wo Glenn Gould ein wesentlich schnelleres Tempo vorlegt als die anderen Interpreten (116 auf ein Viertel gegenüber Tempi zwischen 52 und 76 bei den anderen Interpretationen). Durch einen so großen Tempounterschied entstehen auch Unterschiede im rhythmischen Gestus. So wirkt Goulds Interpretation rhythmisch wesentlich markanter als die anderen Einspielungen. Dazu trägt auch bei, dass Gould die Variation wesentlich energischer in forte spielt, während alle anderen hier leiser sind. Solche Wechselverhältnisse zwischen den einzelnen Aspekten unserer Betrachtung werden noch zu untersuchen sein. Dabei ist zu hoffen, dass die Kategorie des Rhythmus wieder ins Blickfeld gerät und zu weiterführenden Erkenntnissen führt als bei der Untersuchung dieser drei Variationen.

6. Artikulation (Variationen 13, 14 und 15)

Eine weitere Kategorie, die für unsere Interpretationsbetrachtung eine große Rolle spielt, ist die Artikulation. Auch sie gehört sicherlich zu den entscheidenden musikalischen Gestaltungsmöglichkeiten, über die ein Pianist oder Cembalist verfügt. Wie klar und eindeutig allerdings ein Cembalist artikulieren kann, ist freilich nicht zuletzt von der Beschaffenheit des Instruments abhängig. Die

156

Artikulation dient der Schaffung eines differenzierten Klangbildes, was auch die Verdeutlichung musikalischer Strukturen beinhalten kann. Durch unterschiedliche Artikulation kann etwa eine Melodiestimme von ihrer Begleitstimme abgehoben werden oder Stimmen eines polyphonen Satzes können klanglich voneinander unterschieden werden. Zusätzlich ist die Artikulation das wichtigste Mittel um motivische Strukturen darzustellen: Artikulation verbindet die Töne eines Motivs miteinander und setzt die einzelnen Motive voneinander ab. Diesen wichtigen Aspekt der Phrasierung werden wir im nächsten Teil behandeln, wenn wir danach fragen, wie die Interpreten motivische Strukturen durch ihre Artikulation darstellen.

In der Variation 13 lassen sich möglicherweise bereits charakteristische Eigenschaften der Artikulationspraxis der verschiedenen Interpreten erkennen. Die Variation besteht aus einer verzierten Melodie in der Oberstimme mit einer zweistimmigen Begleitung in der linken Hand. Wanda Landowska spielt diese Melodie legato, wie auch die Begleitung. Glenn Gould dagegen spielt die Oberstimme non legato und nur die beiden Stimmen in der linken Hand legato. Das entspricht der Einschätzung Kevin Bazzanas, nach der

Landowska im Normalfall immer legato artikulierte, Glenn Gould dagegen in der Regel non legato.[166] In der Artikulation gleicht die Interpretation Grete Sultans hier sehr der Goulds, auch sie spielt die rechte Hand non legato, die linke legato. Und auch Leonhardt bedient sich dieser Artikulationsweise; oben non legato, unten legato. Wilhelm Kempffs und Karl Richters Interpretation ähneln hingegen hier eher der Artikulation Landowskas; also Legatospiel in beiden Händen.

Dieser etwas groben Bestimmung der Artikulation in Variation 13 soll nun eine detailliertere Betrachtung folgen. Variation 14 eignet sich gut für eine solche genauere Untersuchung der Artikulationsweisen der sechs Interpreten. Zunächst die Takte 5 bis 8:

Wanda Landowska spielt die Begleitung in der linken Hand hier legato, wie sie es auch schon in den vier ersten Takten macht. In der Melodiestimme jedoch hebt sie einzelne Töne durch Staccatospiel artikulatorisch hervor:

Es entsteht ein Muster, das die beiden letzten Töne von Takt 5 und 6 durch staccato hervorhebt, Takt 7 wird legato gespielt, in Takt 8 werden der erste, dritte und vierte Ton staccato gespielt, der letzte lang und betont. Es ist wahrscheinlich gerade die Unregelmäßigkeit dieses Musters, die diese artikulatorische Gestaltung interessant macht: in den Takten 5 und 6 ist sie regelmäßig und weicht dann in Takt 7 und 8 von dieser Regelmäßigkeit ab, wobei der staccato gespielte dritte und vierte Ton in Takt 8 strukturell gewissermaßen dem fünften und sechsten Ton in den Takten 5 und 6 entspricht. Es handelt sich hier also ziemlich gewiss um eine durchdachte Art der Gestaltung. Auch in den ersten vier Takten hebt Landowska einzelne Töne in der rechten Hand durch staccato hervor: den

159

jeweils ersten Ton in Takt 2 und 3, die wiederum innerhalb des Melodieverlaufs eine analoge Stellung einnehmen. Unregelmäßigkeit entsteht hier, indem der erste Ton in Takt 4 dann aber nicht staccato gespielt wird. Und wieder haben wir eine Art unregelmäßiges Muster. Die letzten drei Töne des zweiten Taktes spielt Landowska ebenfalls staccato. Bei Glenn Gould finden wir die Besonderheit, dass er die Sechzehntelbegleitung in der linken Hand staccato spielt, die rechte Hand, wie in Variation 13 gehabt, non legato. Landowska ein wenig ähnlich, hebt er in den Takten 5 bis 8 einzelne Töne artikulatorisch hervor:

Allerdings lässt sich hieraus noch kein Muster ersehen. Bei den anderen Interpreten ist in den ersten acht Takten der Variation 14 kaum eine artikulatorische Differenzierung festzustellen. Grete Sultan spielt immerhin noch, wie Landowska, die letzten drei Töne des zweiten Taktes staccato. Sie spielt die rechte Hand non legato wie Gould. Ebenfalls non legato spielt sie Gustav Leonhardt, wobei er die Melodie in den Takten 5 bis 8 recht kurz, fast staccato, spielt. Wilhelm

160

Kempff und Karl Richter spielen die rechte Hand in den ersten acht Takten legato. Und alle vier spielen die Sechzehntelfiguren der linken Hand legato, wodurch Glenn Goulds Staccatospiel an dieser Stelle als Ausnahme aufzufassen ist.

Die nächsten acht Takte, 9 bis 16, haben die Besonderheit, dass sie von Bach in dem von Christoph Wolff entdeckten Handexemplar mit einer Reihe von Staccatopunkten versehen worden sind. Wir haben hierdurch den seltenen Fall, dass an dieser Stelle Angaben des Komponisten vorliegen, die zu der Zeit als die sechs Einspielungen entstanden noch gar nicht bekannt waren. Das führt uns zu der Frage: Spielen die Interpreten aus eigener Interpretation eine Artikulation, wie sie auch Bach vorgeschwebt hat? Interessanterweise fassen alle sechs Interpreten zumindest den Takt 15 genauso auf wie Bach:

Sie spielen den Takt also nicht als eine einzige melodische Linie, sondern als Kette von ausnotierten Mordenten, die voneinander abgesetzt werden. Diese

Einigkeit ist auch deshalb interessant, da Christoph Wolff gerade diese Artikulationsangaben Bachs für besonders wichtig hält.[167] In den Takten 9 bis 12 herrscht jedoch keine Einigkeit: Landowska, Gould und Leonhardt spielen hier kein staccato auf dem jeweils letzten Ton der ausnotierten Mordente, sondern, wie notiert, ausgehaltene Sechzehntel. Sultan, Kempff und Richter dagegen spielen diese Töne staccato, wie es offensichtlich auch Bachs Vorstellung entsprach. Stellt ihre Interpretation aber deshalb hier die bessere dar? Dies ist keineswegs eindeutig. Einerseits lässt sich argumentieren, dass, wenn man die ausnotierten Mordente in Takt 15 staccato abschließt, man dies auch in den Takten 9 folgende tun muss, da hier prinzipiell die gleiche musikalische Struktur vorliegt. Andererseits lässt sich aber auch sagen, dass die Mordente in Takt 15 eine sequenzartige Folge mit Sprüngen bilden, während die Mordente in den Takten 9 bis 12 jeweils taktweise eine durchgehende Linie bilden. Wir haben demnach zwei verschiedene

---

[167] Vgl. Wolff: Bach's *Handexemplar* of the Goldberg Variations: A New Source, in: Journal of The American Musicological Society, XXIX, 1976, No. 2, S. 227: «In measures 9-12, 15-16, 15-16, 25-28, and 31-32 of the fourteenth variation, for example, he put in supplementary staccato marks, which are of particular importance in measures 15-16 and 31-32.»

162

musikalische Strukturen vorliegen, die, nur weil sie aus Mordenten als Bausteinen bestehen, noch lange nicht gleich artikuliert werden müssen. Beide Interpretationen haben also etwas für sich.

Im zweiten Teil der Variation 14 behalten die Interpreten die beschriebenen Artikulationsweisen in den meisten Fällen bei: Wanda Landowska also etwa ihr Legatospiel, mit der teilweisen Hervorhebung von Tönen durch staccato; in Takt 18/19 in der linken Hand, analog zu Takt 2/3 in der rechten, die letzten drei Sechzehntel in Takt 18 sowie den ersten Ton in Takt 19 staccato, ebenso die jeweils letzten beiden Töne der nun in die linke Hand verlegten Melodiestimme in Takt 21 und 22, analog zu Takt 5 und 6. Dies zeigt, dass es sich bei diesem Staccatospiel auf jeden Fall um eine durchdachte Gestaltung Landowskas handelt. Glenn Gould dagegen weicht von der Artikulation der Begleitstimme des ersten Teils ab, indem er sie nun nicht mehr staccato, sondern auf einmal non legato spielt. Den Einsatz von staccato in der Melodiestimme gestaltet er so, dass er in Takt 21, 22 und 23 den ersten Ton staccato spielt, die Gestaltung von Takt 5 hier nun auf die ganze Passage übertragend. Die übrigen vier Interpreten artikulieren die ersten acht Takte des zweiten Teils dieser Variation so wie sie es im ersten Teil tun. Die letzten acht Takte bestätigen den Befund des ersten Teils: Die von Bach in seinem Handexemplar ergänzten Staccatopunkte werden von Sultan, Kempff und Richter im Sinne Bachs gespielt, ohne dass ihnen dessen Intention bekannt gewesen sein kann. Landowska, Gould und Leonhardt artikulieren nur wieder in Takt 31, und nicht schon ab Takt 25, ebenfalls ohne ihr Wissen den Willen des Komponisten.

Die Artikulation in der nächsten Variation 15, dem Kanon in der Quinte, soll nun wieder nur sehr grob bestimmt werden. Es ergibt sich hier ein einheitlicheres Bild als bei Variation 13 und 14: Alle Interpreten spielen hier überwiegend legato. Der Grund dafür dürfte vor allem in der polyphonen Satzart dieser Variation liegen, durch die sich die einzelnen Stimmen häufig überlagern. Legatospiel ist wohl in dieser Variation musikalisch am naheliegendsten. Dennoch ist bemerkenswert, dass alle sechs Interpreten die Variation ähnlich artikulieren. Die anscheinende Vorliebe für ein Non-Legato-Spiel der rechten Hand bei Gould, Sultan und Leonhardt bestätigt sich hier nicht, die für ein Legatospiel bei Landowska, Kempff und Richter hingegen schon. Bei der Untersuchung der nächsten drei Variationen in Hinblick auf die Phrasierung wird sich zeigen, ob sich diese artikulatorischen Präferenzen bestätigen lassen.

7. Phrasierung (Variationen 16, 17 und 18)

Bei der Phrasierung, die in erster Linie als eine Folge von Artikulationsweisen entsteht, handelt sich wiederum um ein entscheidendes Element musikalischer Interpretation. Sie gibt dem Interpreten die Möglichkeit, seine Sicht auf die vor ihm liegende musikalische Struktur zu zeigen, indem er bestimmte Motive als eine zusammengehörige Phrase spielt. Da eine summarische Behandlung der Phrasierungsweisen in den einzelnen Variationen schlecht möglich ist, lassen wir die Variationen 16 und 17 hier nun einmal außer Acht und gehen gleich zu einer detaillierteren Analyse über. Die Unterstimme der Variation 18 soll uns hierzu dienen. In der rechten Hand ist die Phrasierung durch die beiden sich gegenseitig überlappenden Kanonstimmen gleichsam vorgegeben. In der linken Hand aber finden wir eine Bassstimme, die sich für eine gestaltende Interpretation durch Phrasierung geradezu anbietet. Wanda Landowska phrasiert die ersten vier Takte dieser Bassstimme folgendermaßen:

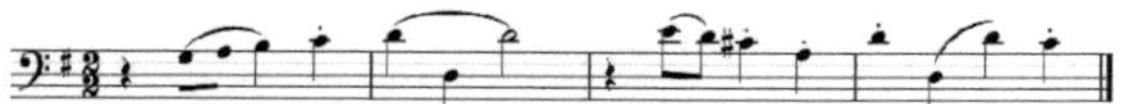

Glenn Gould dagegen spielt:

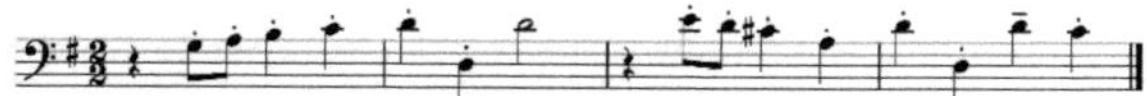

Grete Sultan nimmt die gesamte Bassstimme der Variation 18 legato, ohne an irgendeiner Stelle eine klare Zäsur zu machen. Auch Gustav Leonhardt tritt hier nicht durch eine durchgängige Phrasierung hervor und spielt, wie wir noch sehen werden, nur eine bestimmte immer wiederkehrende Figur als zusammengehörige Phrase. Wilhelm Kempff phrasiert da schon etwas mehr, auch wenn seine diesbezügliche Sparsamkeit derjenigen Leonhardts sehr ähnelt. Kempff phrasiert die Unterstimme der ersten vier Takte demnach recht zurückhaltend:

Als kleinster gemeinsamer Nenner der drei Interpreten Landowska, Gould und Kempff fällt die Anfangsfigur aus zwei stufenweise aufsteigenden Achteln und einer Viertel auf, die alle drei Interpreten als kurze Phrase auffassen. Diese Art der Phrasierung wiederholt sich in Takt 3, diesmal stufenweise absteigend. Jedoch modifiziert Landowska hier bereits ihre Spielweise von Takt 1, indem sie den vierten und letzten Ton des Taktes in die Phrase mit hineinnimmt und den dritten und vierten Ton dieses Taktes non legato und nicht wie in Takt 1 staccato spielt. In Takt 2 fällt ihre Phrasierung zudem auf, da sie den Oktavsprung nach unten und wieder nach oben legato spielt und ihn so zu einer Phrase macht. Gould spielt diese drei Töne in Takt 2 staccato, Kempff non legato. Und noch eine Besonderheit kommt bei Landowska hinzu: Sie modifiziert auch in Takt 4 ihre Phrasierung von Takt 2, indem sie den Oktavsprung nach unten von den restlichen drei Tönen im Takt, die sie zu einer Phrase zusammenfasst, abspaltet. Wir haben also allein in den ersten vier Takten bei Landowska eine ständige Modifizierung ihrer Phrasierungsweise, die gleichsam kippbildartig verschiedene Phrasierungsmöglichkeiten analoger Motive aufzeigt. Somit erweist sich ihre Interpretation erneut als sehr facettenreich und durchdacht. Karl Richter hingegen spielt die Unterstimme der Variation 18 wie Grete Sultan völlig legato, wobei er jeweils in der Wiederholung des ersten und zweiten Teils der Variation kleine Zäsuren macht. An welchen Stellen, werden wir noch sehen. Die nächsten vier Takte nimmt Wanda Landowska als eine Einheit und spielt sie bis zum Erreichen des kleinen g auf dem dritten Viertel von Takt 8 legato. Glenn Gould spielt die Takte 5-8 mit viel staccato, wie schon in den ersten vier Takten:

Im Prinzip behält Gould also seine relativ zurückhaltende Phrasierungsweise bei, wobei er jedoch schon in Takt 5 eine kleine Änderung vornimmt, wenn er die zum eingestrichenen c führende Achtelfigur staccato und nicht wie in Takt 1 non legato spielt. Die Überbindung der ersten beiden Töne von Takt 6 lässt sich parallel zu der in Takt 4 auffassen, die Achtelfigur mit Viertel in Takt 7 parallel zu den verwandten Figuren in Takt 1 und 3. Bleibt der Oktavsprung in Takt 5, den Gould in gleicher Weise wie den in Takt 2 artikuliert;

168

und die beiden über die Quinte gehenden Oktav-
sprünge in Takt 6/7 und Takt 8, für die dasselbe gilt
(wenn man sie als ein mit dem Oktavsprung in Takt 2
verwandtes Element ansieht). In den ersten acht Takten wird also die Phrasierung von Gould nicht variiert.
Charakteristisch für alle Aufnahmen, bei denen man
in Variation 18 überhaupt von einer Phrasierung sprechen kann – und das heißt für alle außer den beiden
Einspielungen von Sultan und Richter – ist die Phrasierung der kurzen Figuren aus zwei Achteln und einer Viertel. Deutlich wird das etwa bei Landowska in
Takt 8 bis 10:

Gleichermaßen bei Gustav Leonhardt und Wilhelm
Kempff in Takt 12-16:

Und bei Gould, Takt 9-16:

Das heißt nun aber nicht, dass sich hier, weil sich in diesem Punkt die Phrasierung der Interpreten sehr ähnelt, die Interpretationen gleichen. Denn es gibt beispielweise klare Unterschiede in der Artikulation: Landowska lässt die kurzen Phrasen auf staccato enden, spielt also eigentlich gar nicht die notierten Viertelnoten, Leonhardt und Kempff spielen diese Phrasenenden non legato, also abgesetzt aber nicht kurz, und Gould spielt sie in den Takten 9 bis 16 lang, mithin tatsächlich also Viertel und macht dann erst im letzten Moment eine kurze Zäsur vor der nächsten Phrase (mit Ausnahme des Takts 10, wo er das Phrasenende staccato spielt). Bei Gould zeigt sich hier ein Widerspruch in der Artikulationsweise, da er die entsprechenden Phrasenenden in den Takten 1, 3 und 7 staccato spielt. Durch das Aushalten der Viertel ab Takt 9 erzielt Gould den Effekt, dass er die schweren Zeiten im Takt betont, da er mit diesen Längen auch eine leichte dynamische Hervorhebung einhergehen lässt. In Takt 15 und 16 fährt er mit dieser Artikulationsweise fort, indem er jeweils die Eins als Viertel spielt, die anderen Töne aber staccato (bis auf den letzten, den er als Halbe aushält).

Wanda Landowska erzielt in Takt 15 einen anderen Effekt durch das Zusammenspiel mehrerer musikalischer Parameter. Sie nimmt die Agogik zur Hilfe, um einen harmonischen Vorgang hervorzuheben und betont damit gleichzeitig ihre Phrasierung:

Sie spielt in Takt 15 ein Ritardando auf dem ersten und dritten Viertel um auf dem zweiten und vierten sogar eine kleine Fermate zu setzen und dort kurz innezuhalten. Die in diesem Takt stattfindende Abkadenzierung wird so zum besonderen musikalischen Ereignis gemacht und die beiden kurzen Motive e-c und a-a werden als solche noch klarer wiedergegeben. Doch findet man bei Landowska keineswegs nur kurze musikalische Einheiten. Denn ab dem zweiten

Teil der Variation 18 spielt sie nur noch längere Phrasen. In Takt 17-22:

Diese Phrasierungsweise unterscheidet sich stark von ihrer Interpretation des ersten Teils, in dem sie vorwiegend kurze musikalische Einheiten spielt. Die anfängliche Achtelfigur spielt sie nun gar nicht mehr als Phrase, sondern spielt die beiden Achtel staccato, der Oktavsprung, in Takt 2 noch eine eigene Einheit, wird nun in eine längere Phrase integriert, die folgenden Achtelfiguren ebenfalls. Die in Takt 22 einsetzende musikalische Einheit spielt sie dann sogar bis einschließlich Takt 30 in legato, was einer starken Zurücknahme der Phrasierung gleichkommt, und die beiden letzten Takte der Variation gleichen in Artikulation und Phrasierung den Takten 15 und 16. Für Landowska verstärkt sich folglich das Bild einer stark variierenden Phrasierungspraxis, in der eine einmal auf eine bestimmte Weise gespielte Phrase häufig an

172

einer analogen Stelle wieder ganz anders aufgefasst wird.

Bei den anderen drei Interpreten, Gould, Leonhardt und Kempff, kommen im zweiten Teil der Variation keine neuen Phrasierungen hinzu. Es zeigt sich nur, dass die bereits untersuchten Achtelfiguren wiederum als kurze Phrasen gespielt werden. Lediglich bei Glenn Gould zeigen sich in Takt 17 bis 22 leichte Modifikationen:

Und zwar spielt er das Achtelmotiv in Takt 17 und 21 staccato, also nicht als zusammengehörige musikalische Einheit. Darüber hinaus spielt er auch hier zum Teil wieder ausgehaltene Viertel auf schweren Taktzeiten, wodurch er das Taktschema verdeutlicht.

Die bereits erwähnten Zäsuren in den Wiederholungen der beiden Teile der Variation in der Einspielung von Karl Richter befinden sich vor allem im ersten

Teil. Dort spielt Richter das erste Viertel des siebten Taktes abgesetzt, das dritte Viertel des achten Taktes sowie das erste und dritte des neunten. Es entsteht eine Art von Phrasierung, die ebenfalls das schon genannte Motiv aus zwei Achteln und einer Viertel als eine musikalische Einheit versteht. In der Wiederholung des zweiten Teils befindet sich so eine Zäsur lediglich nach dem ersten Viertel des Taktes 21. Da diese Zäsuren nur in den Wiederholungen und auch nur an wenigen Stellen vorkommen, ist es aber vielleicht problematisch hier überhaupt von einer echten Phrasierung zu sprechen.

Die Ergebnisse, die wir am Ende dieses Vergleichs zwischen den verschiedenen Phrasierungsweisen der Interpreten in Variation 18 haben, scheinen nicht sehr aussagekräftig zu sein. Gezeigt wurde, dass ein bestimmtes Motiv vorrangig zur Phrasierung herangezogen wurde, als böte es sich ganz selbstverständlich hierzu an. Schaut man sich einmal die drei Stimmen dieser Variation an, so wird deutlich, dass dieses Motiv, in allen Stimmen immer wieder vorkommend, diese Variation musikalisch bestimmt. Es wandert durch die Stimmen und ist quasi allgegenwärtig. Als kleinste Sinneinheit dieser Variation bildet es vielleicht so etwas wie ihren Kern und wird folgerichtig von den meisten Interpreten als solcher aufgefasst und phrasiert – im Übrigen auch in der rechten Hand, die wir in unserer Betrachtung nicht behandelt haben. Eine eigenwillige Interpretation liefert Wanda Landowska vermittels ihrer vielfältigen Phrasierung. Wir hatten das ständige Changieren ihrer Phrasierungsweise bereits beschrieben und dessen Konsequenz einer vielschichtigen Interpretation benannt. Im Umkehrschluss müssten die Interpretationen von Grete Sultan und Karl Richter als weniger profiliert und möglicherweise qualitativ schlechter eingeschätzt werden, da sie hier keine wirkliche Phrasierung vorweisen. Freilich wirft das nun wieder die Frage auf, ob diese Feststellungen auch auf die restlichen Variationen anzuwenden sind oder ob sich an anderer Stelle eine ganz unterschiedliche Phrasierungspraxis zeigt. Dies wird noch zu beantworten sein. Aber auch wenn an dieser Stelle noch nicht viel über die Phrasierung der sechs Interpreten gesagt werden kann, so steht doch fest, dass die Phrasierung ein überaus wichtiger Bestandteil einer durchdachten und an musikalischen Strukturen orientierten Interpretation ist.

8. Kontrapunkt (Variationen 19, 20 und 21)

Eine kompositorische Besonderheit der Klaviermusik Johann Sebastian Bachs ist sicherlich ihre kontrapunktische Satzweise, dies gilt auch für die *Goldberg-Variationen*. So gehört die Darstellung dieser kontrapunktischen Strukturen zu den zentralen Aufgaben des Interpreten. Kontrapunktische Strukturen lassen sich auf zwei unterschiedliche Weisen interpretieren: Zum einen gibt es die Möglichkeit, immer einer bestimmten Stimme den Vorzug zu geben und die anderen hinter dieser zurücktreten zu lassen; zum anderen nimmt man alle vorhandenen Stimmen als gleichberechtigt und versucht sie alle gleichermaßen deutlich zu spielen. Bei beiden Arten der Interpretation gilt jedoch, dass jede einzelne Stimme aus dem Zusammenklang herauszuhören sein muss.

In der Variation 19 wollen wir hören, welchen Weg die sechs Interpreten einschlagen, indem wir die drei verschiedenen Stimmen dieser Variation verfolgen. Bei Wanda Landowska sind alle drei Stimmen deutlich zu hören. Lediglich die Mittelstimme ist vereinzelt nicht so präsent wie die beiden äußeren Stimmen. Es wird beim Hören deutlich, dass generell gerade die Mittelstimme in dieser Variation Gefahr läuft unterzugehen. Glenn Goulds Interpretation hinterlässt einen ähnlichen Eindruck: Die drei Stimmen sind klar zu unterscheiden, bis auf wenige kurze Momente, in denen die Mittelstimme nicht richtig zu hören ist. Anders bei Grete Sultan, wo sich die Mittelstimme immer deutlich von den anderen beiden Stimmen abhebt. Ihre Interpretation liefert hier demnach eine gelungene Darstellung des kontrapunktischen Satzes. Die Interpretation Gustav Leonhardts ist demgegenüber enttäuschend: die Mittelstimme geht in weiten Teilen unter und tritt nur an einzelnen Stellen ein wenig klarer hervor. Selbst bei Wilhelm Kempff, der hier Gebrauch vom rechten Pedal macht und ein entsprechend verschwommenes Klangbild produziert, ist die Mittelstimme deutlicher zu hören als bei Leonhardt. Dennoch erfordert es bei Kempffs Einspielung ein wenig Konzentration, um der Mittelstimme durch die gesamte Variation hindurch zu folgen; aber es ist möglich. Auch bei Karl Richter fällt es zum Teil schwer, die mittlere Stimmen von den beiden Außenstimmen zu trennen, der kontrapunktische Satz wird nicht immer so klar dargestellt, wie man es zu wünschen wäre. Dabei machen es Wanda Landowska und Grete Sultan vor, wie man es sowohl auf dem

Cembalo, wie auch auf dem Klavier schaffen kann, drei nebeneinander herlaufende Stimmen als gleichberechtigt zu spielen. Die häufig geäußerte Behauptung allerdings, man könne Polyphonie auf dem Cembalo besser darstellen als auf dem Klavier, lässt sich durch unsere Beobachtungen nicht stützen.[168] Vielmehr ist es neben Landowska und Sultan Glenn Gould, der noch eine recht überzeugende kontrapunktische Interpretation bietet. Die Cembalisten Leonhardt und Richter dagegen spielen die Variation nicht so, dass man ständig ohne weiteres alle Stimmen als solche identifizieren kann. Da ist schon das eigensinnige Spiel Wilhelm Kempffs klarer in der Darstellung dieser mehrstimmigen Struktur.

Aber spielen die Interpreten diese drei Stimmen alle als gleichberechtigt oder heben sie jeweils eine von ihnen an bestimmten Stellen dynamisch hervor? Diese Frage ist hier nur auf die Klaviereinspielungen zu beziehen, da auf dem Cembalo gar nicht die Möglichkeit besteht, eine einzelne Stimme dynamisch hervorzuheben, wenn, wie in Variation 19, auf nur einem Manual gespielt wird. Bei Glenn Gould lassen sich, wenn überhaupt, nur minimale dynamische Unterschiede

---

[168] Siehe etwa Kaußler S. 237.

178

zwischen den drei Stimmen feststellen; sein Spiel wirkt dynamisch völlig homogen, die Stimmen sind fast gänzlich gleichberechtigt. Grete Sultan differenziert in ihrer Dynamik ein wenig mehr, indem sie einzelne Töne in der Oberstimme (etwa in Takt 10 und 11) betont, ansonsten ist auch ihr Spiel hier vollkommen ausgewogen. Eine relativ deutliche dynamische Unterscheidung der Stimmen macht Wilhelm Kempff, indem er in den ersten vier Takten die Mittelstimme, von Takt 5-8 die Oberstimme und dann die Unterstimme durch ein lauteres Spiel hervorhebt; genauer gesagt: Er hebt die durchlaufenden Sechzehntel als Hauptstimme hervor. Dieser Effekt ist allerdings im ersten Teil der Variation, den er wiederholt, wesentlich deutlicher als im zweiten Teil, in dem die Stimmen dynamisch ausgeglichener klingen. Möglicherweise tritt bei Kempff ein Verständnis von der angemessenen Darstellung kontrapunktischer Strukturen zutage, nach dem immer eine der Stimmen eines mehrstimmigen Satzes als Hauptstimme hervorgehoben werden soll. Demgegenüber scheinen alle anderen Interpreten eher der Ansicht zu sein, dass ein kontrapunktisches Geflecht als ein Nebeneinander gleichwertiger Stimmen zu spielen ist.

In der Variation 20 können wir davon ausgehen, dass alle Stimmen klar hörbar sind, da es sich nur um eine zweistimmige Variation handelt. Es lässt sich jedoch fragen, ob die Interpreten irgendwelche Unterschiede zwischen diesen beiden Stimmen machen, um sie voneinander abzuheben. Bach schreibt hier vor, zwei Manuale zu benutzen. Spielen also Landowska, Leonhardt und Richter die beiden Stimmen auf zwei Manualen und benutzen sie vielleicht dabei zusätzliche Register? Machen die sechs Interpreten Unterschiede, was die Artikulation der beiden Stimmen angeht? Am besten lässt sich dies anhand der ersten acht Takte beantworten, da Bach hier zwei gleichartige sich überkreuzende Stimmen komponiert hat, bei denen für den Interpreten eine Unterscheidung nahe liegt. Wanda Landowska benutzt für die rechte Hand das untere Manual mit zugeschaltetem 4-Fuß-Register und unterscheidet dadurch die Oberstimme von der sich mit ihr kreuzenden Unterstimme, für die sie das obere Manual mit einfachem 8-Fuß-Register benutzt. Artikulatorisch unterscheidet sie die beiden Stimmen in den ersten acht Takten nicht, sie spielt alles staccato. Glenn Gould nimmt dagegen keine Differenzierung dieser beiden gleichartigen Stimmen vor: Er spielt sie in derselben energischen Lautstärke und

180

artikuliert sie staccato. Ebenso Grete Sultan, die beide Stimmen in forte und non legato spielt. Gustav Leonhardt spielt wie Landowska auch auf zwei Manualen, wobei er jeweils das einfache 8-Fuß-Register benutzt, er artikuliert die beiden Stimmen in den ersten acht Takten allerdings differenzierter als Landowska. Und zwar folgt er darin gewissermaßen dem Notentext, indem er die als Sechzehntel notierten Töne staccato spielt, die als Achtel notierten jedoch legato. Das führt dazu, dass jede Hand taktweise zwischen Staccato- und Legatospiel wechselt und der Hörer stets zwei Stimmen durch ihren unterschiedlichen Klangcharakter unterscheiden kann. Auch Wilhelm Kempff bedient sich dieser artikulatorischen Spielweise, wobei er die Sechzehntel aber nicht staccato sondern non legato spielt und folglich den Kontrast zu den legato gespielten Achteln abmildert. Karl Richter spielt auf beiden Manualen und benutzt, die auf dem Neupert-Cembalo recht unterschiedlich klingenden 8-Fuß-Register. Der dadurch erzielte klangliche Unterschied wird durch die schon bei Leonhardt beobachtete Artikulation verstärkt.

Die Variation 21 ist wiederum dreistimmig, und es stellt sich die Frage, ob sich eine Situation wie in

Variation 19 wiederholt. Gibt es Interpretationen, bei denen die mittlere Stimme nicht klar von den beiden anderen Stimmen zu unterscheiden ist? Nach dem Hören der sechs Aufnahmen deutet nichts darauf hin. Alle Interpreten spielen hier drei relativ klar voneinander abzugrenzende Stimmen. Liegt dies in strukturellen Unterschieden zwischen Variation 19 und 21? Da es sich bei der Variation 21 um einen Kanon, also um eine explizit kontrapunktisch konzipierte Komposition handelt, ist dies anzunehmen. Vergleicht man die beiden Mittelstimmen der Variationen 19 und 21, so fällt auf, dass es sich bei der Mittelstimme von Variation 21 vielmehr um eine durchkomponierte eigenständige Stimme handelt als bei derjenigen von Variation 19, die teilweise eher den Charakter eines Trägers harmonischer Füllnoten hat. Umso bemerkenswerter ist es jedoch, dass die überwiegende Zahl der Interpreten bei Variation 19 dennoch bemüht ist, alle drei Stimmen deutlich herauszubringen. Dies zeigt, dass eine explizit kontrapunktische Spielweise von den Interpreten privilegiert wird.

Am Ende stellt sich nun wieder die Frage nach der Tragweite und Verallgemeinerbarkeit unserer Erkenntnisse. Interessant ist sicherlich der Befund, dass Cembaloaufnahmen nicht unbedingt besser in der

Lage sein müssen, kontrapunktische Musik wiederzugeben. Hierfür hat unsere Betrachtung der Variation 19 ein Beispiel geliefert. Bemerkenswert ist auch, dass fünf Interpreten offenbar ein kontrapunktisches Verständnis haben, das die gleichberechtigte Darstellung aller in einer Komposition vorhanden Stimmen favorisiert. Nur Wilhelm Kempff scheint sich nicht dieser Interpretation anzuschließen, da er im ersten Teil von Variation 19 stets eine Hauptstimme markiert. Eine artikulatorische Differenzierung zwischen den beiden Stimmen in Variation 20 wird von Leonhardt, Kempff und Richter vorgenommen, während Landowska, Gould und Sultan beide Stimmen vollkommen gleichartig spielen. Zeigen diese interpretatorischen Unterschiede im Umgang mit kontrapunktischen Strukturen generelle Tendenzen, die für die Interpretation des gesamten Werkes gelten? Am Ende dieses Kapitels wird dies zu beantworten sein. Insbesondere die Frage, ob das Hervorheben einer Hauptstimme bei Wilhelm Kempff allgemeine Praxis ist.

9. Stil (Variationen 22, 23 und 24)

Mit der nun folgenden musikalischen Kategorie verlassen wir den Boden einer zumindest intersubjektiv nachvollziehbaren Betrachtung der Einspielungen hin zu einer rein subjektiven Umschreibung der stilistischen Qualitäten der verschiedenen Interpretationen. Wir nähern uns damit sehr stark den Formen der Musikkritik an, die mithilfe von Vergleichen und der Aufzählung von Adjektiven, eine Interpretation zu beschreiben versucht. Um dabei aber immer noch eine Art festen Boden zu haben, nehmen wir einige Einschätzungen von Musikwissenschaftlern zu den entsprechenden Variationen als Vergleichsebene hinzu: Aussagen über die satztypologische Zuordnung dieser Variationen und deren etwaige aufführungspraktische Konsequenzen. Hieraus ergibt sich dann die Frage, ob sich unsere stilistische Einordnung der einzelnen Einspielungen mit den Einschätzungen der Wissenschaftler deckt.

Wenn wir die Interpretation der Variation 22 von Wanda Landowska hören, so erscheint sie uns ein wenig getragen und feierlich. Die Interpretation Glenn Goulds dagegen eher kühl, exakt und erhaben. Der Eindruck der Einspielung Grete Sultans ist bestimmt, positiv und überzeugt. Gustav Leonhardt scheint Eigenschaften der Interpretationen von Landowska und Gould zu vereinen, denn sie erscheint uns getragen, feierlich, erhaben und – was für Leonhardts Einspielung möglicherweise eine allgemeingültige Charakterisierung ist – klar. Der Stil Wilhelm Kempffs ist dem Grete Sultans näher als demjenigen Glenn Goulds. Seine Interpretation wirkt rasch, überzeugt und zuversichtlich. Auch die Interpretation Karl Richters wirkt rasch, vorwärtsschreitend und leicht energisch.

Inwieweit ergeben sich Parallelen zu dem, was wir in den Untersuchungen über die *Goldberg-Variationen* lesen? Heinz Hermann Niemöller sieht in der Variation 22 eine kontrapunktische Gavotte (wie bereits in Kapitel II erwähnt). Christoph Wolff dagegen nimmt diese Variation als einen beispielhaften Fall für den *stile antico* bei Bach, den er mit Bachs Allabreve-Angabe in Zusammenhang bringt.[169] Rolf Dammann

---

[169] Christoph Wolff: Der *stile antico* in der Musik Johann Sebastian Bachs, S. 39: «Bezeichnend ist, daß aus dem ursprünglich mensuralen Terminus *alla breve* im Barock nicht selten eine Art Sammel- und Gattungsbegriff für traditionsgebunden-kontrapunktisch gearbeitete Stücke wurde. Man redete von «Allabreve» und spielte damit auf den Stil der Stücke an, dessen äußeres Kennzeichen die Notationsweise war. [...] Ebenso deutet auch der

spricht bei dieser Variation dementsprechend von einem majestätischen Charakter, der durch den in ihr verwandten *stilus gravis* sowie die Syncopatio-Technik bedingt ist.[170] Bei Ingrid und Helmut Kaußler ist von einem «ruhigen Glanz» der Variation 22 die Rede.[171] Der Hinweis, es handele sich hier um eine Gavotte, spricht für ein eher rasches Tempo, das wir bei Sultan (104 auf das Allabreve-Metrum) und Kempff (96) am ausgeprägtesten vorfinden. Bemerkenswert ist jedoch, dass wir auch Karl Richters Spiel als rasch empfinden, obwohl es sich bei seiner Interpretation um eine der langsamsten handelt (84). Auf der anderen Seite charakterisierten wir Gustav Leonhardts Spiel als getragen, wobei es nur um weniges langsamer ist als Kempffs (Leonhardt: 92, Kempff: 96). Es gibt also offensichtlich eine Diskrepanz zwischen wahrgenommener Schnelligkeit – oder Langsamkeit – und dem tatsächlichen Tempo.

Allabreve-Zusatz in Variation 22 der Goldberg-Variationen auf den Stil des Satzes; denn die Variationen Nr. 10, 16 und 18 haben zwar auch die Taktvorzeichnung 2/2, aber nicht den Zusatz *Allbreve*, weil sie nicht im Allabreve-Stil komponiert sind.»
[170] Siehe Dammann S. 197.
[171] Kaußler S. 214.

Solcherlei Phänomenen, die sich einer exakten Beschreibung entziehen, wollen wir uns hier zu nähern versuchen. Das zu Beschreibende nennen wir Stil, wir könnten es aber ebenso gut auch als Gestus, Charakter oder Ausdruck bezeichnen. Die Frage dabei ist, ob sich die Art wie ein Interpret eine bestimmte Variation wiedergibt, mit einem bestimmten Gehalt deckt, der durch das Werk gegeben ist. Also beispielsweise wir nehmen an, Bach schrieb Variation 22 als eine Gavotte, dann fragt sich: Spielt der Interpret hier eine Gavotte? Wir wissen nicht sicher, was Bach in sein Werk hineingelegt hat. Bei den herangezogenen Urteilen der Wissenschaftler handelt es sich zum Teil auch um nicht viel mehr als Meinungen. Und unsere Umschreibungen, die die Einspielungen zu charakterisieren versuchen, sind freilich in höchstem Maße subjektiv. Folglich handelt es sich wohlmerklich um einen Versuch, eine zaghafte Annäherung an etwas, das letzten Endes wohl uneinholbar ist.

Kehren wir aber zu unserer Betrachtung zurück. Neben der Einschätzung Niemöllers, es handele sich bei Variation 22 um eine Gavotte, haben wir Wolffs Hinweis auf den *stile antico*, Dammanns Charakterisierung der Variation als majestätisch und Kaußlers

Empfindung eines ruhigen Glanzes. Diese letzten drei Einschätzungen decken sich eher mit denjenigen Einspielungen, die wir als getragen, feierlich oder erhaben empfunden hatten: also mit Landowskas, Goulds und Leonhardts. Es ist also zu vermuten, dass diese Interpreten den Gehalt der Variation adäquater darstellen.

Die Variation 23 hört sich bei Wanda Landowska recht nüchtern und genau an. Glenn Gould steht hierzu wiederum in einem Kontrast, sein Spiel wirkt gleichzeitig schelmisch und maschinenhaft. Grete Sultan ist der Interpretation Landowskas recht nah und hört sich eher objektiv und nüchtern an. Bei Gustav Leonhardt scheint demgegenüber eine leise Ironie mitzuschwingen, obwohl sein Spiel sehr exakt wirkt. Wilhelm Kempffs Interpretation hört sich demgegenüber sehr zurückhaltend und neutral an. Und Karl Richters Version der Variation 23 klingt eher nüchtern, trocken und maschinenhaft.

Die musikwissenschaftlichen Schriften sprechen im Fall dieser Variation von einem humoristischen, bizarren Gehalt (Dammann) und von der witzigsten, koboldhaftesten Variation des Werkes (Kaußler).[172] Diesem Charakter scheint gerade Glenn Gould mit

---

[172] Siehe Dammann S. 198 und Kaußler S. 214.

188

seiner Interpretation gerecht zu werden. Wir empfinden sie als schelmisch, aber auch als maschinenhaft. Offenkundig wirkt dieses Maschinenhafte in den Läufen, bedingt durch das sehr schnelle Tempo, das Gould hier wählt (116 bei einem Metrum auf Viertel), dem humoristischen Ausdruck entgegen. Er wird dadurch quasi übersteigert. Bei Gustav Leonhardt hingegen meinen wir auch eine leise Ironie herauszuhören. Obwohl Leonhardt klar, trocken und exakt spielt, stellt sich dieses Gefühl ein. Es ist ein wenig so, als ob jemand todernst einen Witz erzählt und dadurch den komischen Effekt noch steigert. Geht man also von einem komischen Gehalt dieser Variation aus, was aufgrund ihrer Machart naheliegend ist, so hat Leonhardt diesen Gehalt wohl sehr gut getroffen, gerade weil er ihn nicht sonderlich betont. Möglicherweise erzielt Wilhelm Kempff mit seinem zurückhaltenden Spiel einen entsprechenden Effekt. Auch bei Wanda Landowska könnte man Ähnliches vermuten. Aber dieser Eindruck bleibt nur vage. Besonders im Fall von Sultan und Richter lässt sich kein entsprechender Esprit vernehmen. Bemerkenswert ist, dass die beiden Versionen, die wir mit einem schelmischen oder ironischen Ausdruck charakterisierten, tempomäßig extrem auseinandergehen (Gould: 116, Leonhardt 76). Dies verstärkt den Eindruck, dass die Darstellung eines bestimmten musikalischen Gehalts mehrere Darstellungsweisen zulässt.

Die Interpretationen der Variation 24 gehen stilistisch besonders stark auseinander. Wanda Landowskas Version wirkt friedlich und zurückhaltend. Glenn Gould hebt sich hiervon ab und spielt die Variation heiter, energisch und vorwärtstreibend. Das Spiel Grete Sultans wirkt hier zart, kantabel und idyllisch, Gustav Leonhardts Interpretation dagegen langsam, nachdenklich und überaus klar. Wilhelm Kempff spielt die Variation getragen, nachdenklich und friedlich. Und Karl Richter interpretiert sie langsam schreitend und selbstsicher.

Heinz Hermann Niemöller sieht die Variation 24 als Courante (siehe Kapitel II), Rolf Dammann dagegen als Pastorale oder Siciliano und beschreibt sie als bukolisch, pastoral und idyllisch. Dem Hörer soll sich hier «die ruhig ausschwingende Gelassenheit, die pendelnde Bewegung des Wiegenden» mitteilen.[173] Landowska verleiht hier mit ihrem Spiel dieser ruhigen Gelassenheit Ausdruck. Und auch Grete Sultan

---

[173] Vgl. Dammann S. 206f.

schafft den Eindruck einer Idylle. Glenn Gould dagegen spielt die Variation als eine italienische Courante, die sich durch ihren heiteren und raschen Gestus auszeichnet. Im krassen Gegensatz dazu steht Gustav Leonhardt, der sie viel langsamer spielt als Gould (Leonhardt: 63 auf ein punktiertes Viertel, Gould: 112) und dabei recht nachdenklich wirkt. Auch Wilhelm Kempffs Spiel hat einen ähnlichen nachdenklich-getragenen Ausdruck. Dieses Nachdenkliche wird bei Karl Richter durch einen selbstsicher schreitenden Gestus ersetzt. Es zeigt sich, dass alle Interpreten diese Variation recht unterschiedlich interpretieren, auch wenn Ähnlichkeiten bestehen. Ganz unterschiedliche ausdrucksmäßige Facetten kommen zum Vorschein; die Variation erweist sich als sehr wandelbar und vielfältig in ihrem stilistischen Potential.

Nach dem Versuch, drei Variationen stilistisch, ausdrucksmäßig zu umschreiben, zeigt sich, dass dabei einiges in Erscheinung tritt, das wir mit den bisherigen Kategorien noch nicht direkt in den Blick bekommen hatten. Es zeigt sich immer deutlicher, wie schwierig es ist, musikalische Interpretationen genau zu untersuchen und dabei wirklich zu erfassen. Wir wollen nun nur noch einen Aspekt behandeln, bevor wir den Versuch unternehmen, eine Zusammenschau aller untersuchten musikalischen Kategorien und Parameter anhand dreier Variationen vorzunehmen.

10. Form (Variationen 25, 26 und 27)

Bei dem letzten einzelnen Punkt, der noch untersucht werden soll, handelt es sich um die Frage der Form. Normalerweise ist dieses Thema eine der Lieblingsbeschäftigungen von Kompositionsanalysen. Für Interpretationsanalysen ist es in erster Linie jedoch aus der Sichtweise interessant, die danach fragt, wie die Form eines Werkes dargestellt wird. Da aber unser Werk aus vielen kleinen und nahezu identischen Formen besteht, ist es zweifelhaft, ob die verschiedenen Interpreten unterschiedliche Darstellungsweisen für diese Formen finden. Deshalb beschränkt sich unsere Betrachtung auch nur auf einen einzigen simplen Sachverhalt: den Umgang der Interpreten mit Wiederholungen. Darüber hinaus könnte man fragen, ob die Interpretationen unterschiedliche Zäsuren zur Gliederung der einzelnen Variationen machen – also

192

etwa, indem sie die viertaktigen Perioden voneinander absetzen.

Da die Frage der Wiederholungen eine ganz simple und äußerliche ist, kommen wir nach einmaligem Hören schon zu einem Ergebnis. Wanda Landowska lässt in den Variationen 25, 26 und 27 alle Wiederholungen weg, ebenso Glenn Gould und Gustav Leonhardt. Grete Sultan und Karl Richter spielen hingegen alle Wiederholungen. Einen Sonderfall stellt Wilhelm Kempff dar, denn er spielt in den Variationen 25 und 26 nur die erste Wiederholung, den zweiten Teil wiederholt er jedoch nicht. Nur im Kanon, in der Variation 27, spielt er beide Wiederholungen.

Es stellt sich nun freilich die Frage, welche Gründe die einzelnen Interpreten für ihre Entscheidung haben. Zu bedenken ist, dass die Entscheidung, alle Wiederholungen wegzulassen, möglicherweise auch aus technischen Gründen erfolgt sein kann. Insbesondere zu der Zeit als Wanda Landowskas Aufnahme entstand, hätte eine Version mit allen Wiederholungen nicht auf eine Schallplatte gepasst. Im Konzert spielte Landowska die *Goldberg-Variationen* möglicherweise mit allen Wiederholungen. Bei Gould und Leonhardt ist anzunehmen, dass sie diese Entscheidung aus musikalischen Gründen gefällt haben. Schließlich ließ sich Karl Richter aus dem genannten technischen Grund auch nicht davon abhalten, das Werk mit allen Wiederholungen einzuspielen; die Aufnahme erschien auf zwei Langspielplatten. Wahrscheinlich hätten Gould und Leonhardt hiervor auch nicht zurückgeschreckt, wenn sie nicht ohnehin eine Einspielung ohne alle Wiederholungen vorgezogen hätten. Grete Sultan wiederum entschied sich bewusst für die Wiederholungen. Allerdings war sie durch keinerlei Sachzwänge beeinflusst, da diese Aufnahme wahrscheinlich gar nicht zur Veröffentlichung gedacht gewesen ist. Und auch bei Wilhelm Kempffs außergewöhnlichem Konzept können wir von einer bewussten musikalischen Entscheidung ausgehen. Kempff hätte wohl kaum nur einen Teil der Wiederholungen gespielt, um ein Erscheinen auf nur einer LP zu ermöglichen. In seiner Interpretation kommt den neun Kanons eine Sonderrolle zu, indem er nur die Kanons mit beiden Wiederholungen spielt. In den übrigen Variationen geraten jedoch die Proportionen ein wenig durcheinander, indem er immer nur den ersten Teil wiederholt, den zweiten aber nur einmal spielt. Die traditionelle Suitenform A A' – oder mit Wiederholungen: A A A' A' –, die Bach für die *Goldberg-*

Variationen verwendet, wird von Kempff als A A A' wiedergegeben. Der erste Teil wird durch seine Wiederholung privilegiert. Kempffs Interpretation nimmt somit einen eigenwilligen Eingriff in die vorgegebenen Proportionen vor. Für alle anderen Interpretationen gilt dies nicht, denn sie spielen entweder keine oder alle Wiederholungen; die Längenverhältnisse der einzelnen Teile bleiben bestehen. Es gibt aber dennoch einen Unterschied zwischen den Interpretationen mit und den ohne Wiederholungen. Besonders deutlich wird dies bei der Variation 25, die von den meisten Interpreten in einem sehr langsamen Tempo gespielt wird. Denn die Interpretationen, die hier beide Teile wiederholen, verlängern das ohnehin lange Stück noch einmal um das Doppelte. Man könnte also sagen, dass die Bedeutung dieser Variation bei Sultan und Richter noch einmal hervorgehoben wird. Gegenüber den meisten Variationen, die bei diesen beiden Einspielungen zumeist um die zwei Minuten dauern, fällt eine Länge der Variation 25 von fast sieben Minuten bei Richter und sogar über acht Minuten bei Sultan recht stark aus dem Rahmen. In der Wahrnehmung des Hörers nimmt diese Variation folglich großen Raum ein, der sie von den vorhergehenden und den folgenden Variationen abhebt. Der umgekehrte Fall tritt bei den drei Interpretationen, die keine Wiederholungen spielen, für die schnellen Variationen ein. Dadurch, dass sie beide Teile der Variationen nur einmal spielen, sind gerade sie sehr schnell vorbei und bleiben wohl nur als sehr flüchtiger Eindruck im Bewusstsein des Hörers hängen.

Was darüber hinausgehende interpretatorische Maßnahmen zur Darstellung der musikalischen Form angeht, so können wir in den drei hierfür gehörten Variationen nichts feststellen, was sich als relevant und aussagekräftig erweist. Keiner der Interpreten vermittelt hier etwa ein klares Periodengefühl, das vier- oder achttaktige musikalische Einheiten sich voneinander abheben lässt. Es konnte gezeigt werden, dass allein das bloße Spielen oder Weglassen von Wiederholungen zu bestimmten musikalischen Implikationen führt. Versuchen wir nun, alle neun untersuchten musikalischen Aspekte anhand der drei letzten Variationen zusammen zu betrachten.

11. Zusammenschau (Variationen 28, 29 und 30)

Eine Zusammenschau der bisher betrachteten musikalischen Einzelaspekte wird nicht auf eine detaillierte Analyse einzelner Sachverhalte abzielen, sondern vielmehr versuchen, die gesamte musikalische Erscheinung in den Blick zu nehmen. Es kommt uns dabei darauf an, zum ersten Mal ein Gesamtbild zu erhalten, das sich aus einer Reihe von Einzelbeobachtungen zusammensetzt. Dies wird durchgeführt, um zu sehen, wie das interpretierte Werk musikalisch dargestellt wird und welchen musikalischen Ausdruck und Gehalt es in den verschiedenen Interpretationen erhält. Wenn man die verschiedenen Einspielungen der Variation 28 hört, so fällt einem die Interpretation Karl Richters durch ihren mächtigen, ausladenden Gestus auf. Alle anderen Einspielungen wirken demgegenüber eher zurückhaltend oder haben zumindest einen neutraleren Ausdruck. Bei Richter entsteht dieser auffällige Gestus durch seine Registerwahl; im oberen Manual nimmt er das 4-Fuß-Register hinzu, im unteren das 16-Fuß-Register, so dass er ein sehr auffälliges, den gesamten Tonumfang des Instruments ausnutzendes Klangbild erhält. Richter ist so der Einzige, bei dem man davon sprechen kann, dass er die Variation 28 in forte spielt. Sultan und Leonhardt spielen die Variation in mezzoforte (Leonhardt spielt mit 8-Fuß-Register auf beiden Manualen). Gould und Kempff beginnen die Variation in mezzopiano und crescendieren dann zu mezzoforte. Landowska spielt die Variation eher mezzopiano (wobei sie sich auf beiden Manualen des 8-Fuß-Registers bedient und auf dem unteren Manual das 4-Fuß-Register hinzunimmt). Dynamisch wird also durch unsere sechs Einspielungen ein gewisses Spektrum abgedeckt. Ähnliches gilt auch für das Tempo. Landowska wählt ein recht moderates Tempo (69 auf das Viertelmetrum), nur Leonhardt ist noch ein wenig langsamer (66), Sultan ein wenig schneller (76). Kempff und Leonhardt wählen ein noch etwas schnelleres Tempo (80) und Gould ist mit einigem Abstand der Schnellste (96).

Was die Artikulation angeht, so überwiegen die Gemeinsamkeiten; nur Glenn Gould und Wilhelm Kempff fallen durch ihr Non-legato-Spiel auf. Bei Kempff wird außerdem deutlich, dass er immer eine Stimme im mehrstimmigen Gefüge dynamisch privilegiert. Bei den anderen Interpreten ist die Darstellung der verschiedenen Stimmen ausgewogen, ihre Differenzierung wird bei den Cembaloaufnahmen durch die Wahl der Register unterstützt, bei Gould und Sultan durch den sparsamen Einsatz dynamischer Hervorhebung. Der musikalische Ausdruck ist bei allen Interpreten außer Richter ein wenig zurückgenommen. Sultans und Leonhardts Version wirken schon fast emotionslos, Landowskas und Goulds dagegen zurückhaltend und unauffällig. Kempff erzielt durch ein anfängliches mezzopiano einen leicht geheimnisvollen Eindruck beim Hörer, der sich durch ein Crescendo zu einem energischeren Gestus entwickelt. Ob diese Interpretation jedoch den etüdenhaften Trillern und den verschränkten musikalischen Linien, die Bach in dieser Variation komponierte, gerecht wird, ist fraglich. Kempffs romantische Interpretation mag musikalisch reizvoll sein, die Mehrzahl der Interpreten spielt diese Variation jedoch eher neutral, die reine musikalische Struktur darstellend.

Hört man dann die verschiedenen Versionen von Variation 29, so scheint es, als ob bestimmte Entscheidungen dem Interpreten gleichsam vorgegeben werden: Alle Interpreten spielen den raschen Akkordwechsel der ersten Takte, der dann im zweiten Teil noch einmal wiederkehrt, staccato. Die dann im Takt 9 folgende, auf die beiden Hände verteilte melodische

Linie wird von fast allen Interpreten legato gespielt; außer von Glenn Gould, der uns hier wieder seine Vorliebe für das Non-legato-Spiel beweist. Überhaupt fällt Goulds Interpretation aus dem Rahmen, da er ein deutlich schnelleres Tempo wählt, als die anderen Interpreten. Bei ihnen zeigt sich hier eine erstaunliche Einheitlichkeit: Alle außer Gustav Leonhardt wählen dasselbe gemäßigt schnelle Tempo (80 auf das Viertelmetrum, Leonhardt dagegen nur 69). Gould dagegen zeigt seinen Hang zum Extrem (104). Das hat zur Folge, dass seine Interpretation hier freilich wieder sehr virtuos erscheint, aber auch, dass die melodischen Stimmen verwischen und nicht so deutlich sind, wie bei den anderen Interpretationen.

Die Gemeinsamkeiten zwischen den sechs Einspielungen beschränken sich jedoch nicht nur auf Tempo und Artikulation. Auch in der Dynamik herrscht weitgehende Übereinstimmung. Außer Wilhelm Kempff, der die Variation 29 im Bereich von mezzoforte spielt, wählen alle Interpreten forte, beziehungsweise eine entsprechende Registrierung. Wanda Landowska schaltet beide 8-Fuß-Register zusammen und erhält dadurch einen entsprechend vollen Klang. Glenn Gould spielt forte und verzichtet auf größere dynamische Schwankungen, ebenso Grete Sultan. Gustav

Leonhardt und Karl Richter folgen dem Beispiel von Landowska und nehmen beide 8-Fuß-Register zusammen, was eine bemerkenswerte Übereinstimmung der gewählten Register in dieser Variation bedeutet. Was Phrasierung und Kontrapunkt angeht, so hat diese Variation dem Interpreten nicht so viel zu bieten. An den Stellen, an denen der Satz mehrstimmig ist, ist er jedoch in den meisten Einspielungen ausgewogen und klar; allein die Interpretation Goulds ist wegen des sehr schnellen Tempos, wie schon festgestellt wurde, ein wenig undeutlich.

Diesem Effekt entgegengesetzt führt die Wahl eines langsamen Tempos bei Leonhardt zum Eindruck eines sehr kontrollierten Spiels, während fast alle anderen Interpretationen auftrumpfend wirken und diejenige Goulds sogar einem fast unkontrollierten Ausbruch gleicht. Einzige Ausnahme ist hier noch die Interpretation Wilhelm Kempffs, die ähnlich wie Leonhardts kontrolliert und zurückhaltend wirkt. Dieser Eindruck entsteht aber nicht durch ein langsameres Tempo, sondern durch die schon angesprochene zurückgenommene Dynamik. Es zeigt sich also bei Variation 29, dass sich die Einspielungen hier in weiten Teilen gleichen oder zumindest sehr stark ähneln und dass Abweichungen von dieser Norm zu einer Wandlung des Ausdrucksgehalts der Musik führen. Oder, wie im Fall des virtuosen Tempos von Glenn Gould, zu Abstrichen in der Darstellung der musikalischen Struktur.

Beim *Quodlibet*, der Variation 30, sind die Unterschiede zwischen den verschiedenen Einspielungen wieder größer. Bereits in den Einzelbetrachtungen vermutete Tendenzen, bestätigen sich nun. So zeichnet sich Wanda Landowskas Interpretation durch eine individuell geprägte Ornamentik aus, sowie durch ein überwiegendes Legato-Spiel mit einer durchdachten Phrasierung und entspricht somit dem Eindruck, den wir bereits von ihrem Spiel gewonnen hatten. Glenn Gould wählt wieder einmal das mit Abstand schnellste Tempo von allen Interpreten (96 auf das Viertelmetrum), lässt Ornamente weg und artikuliert überwiegend non legato. Gustav Leonhardt dagegen spielt – ebenfalls zum wiederholten Mal – im langsamsten Tempo (66). Und Wilhelm Kempff hebt wieder stets eine Stimme aus dem mehrstimmigen Geflecht hervor.

Die Interpretationen von Wanda Landowska und Karl Richter ähneln sich an dieser Stelle. Beide Interpreten wählen ähnliche Register, indem sie die beiden

8-Fuß-Register zusammenschalten; Richter nimmt im unteren Manual noch das 16-Fuß-Register hinzu. Zudem spielen sie das *Quodlibet* beide im gemäßigten Tempo (76). Dies führt bei beiden Einspielungen zu einem heiteren und selbstbewussten musikalischen Ausdruck. Dagegen hat die Version Gustav Leonhardts einen eher nachdenklichen musikalischen Gestus, obwohl auch er beide 8-Fuß-Register zusammennimmt. Diese Wirkung beruht wahrscheinlich vor allem auf dem, bereits angesprochenen langsameren Tempo das Leonhardt wählt. Bei Wilhelm Kempff kommt zu dem relativ langsamen Tempo (69) eine weitgehende dynamische Zurückhaltung hinzu – er spielt die gesamte Variation mehr oder weniger in piano –, so dass das *Quodlibet* einen dementsprechend zurückhaltenden, schlichten Ausdruck erhält.

Dieser musikalische Charakter ist jenem der Interpretationen von Glenn Gould und Grete Sultan allemal vorzuziehen. Denn durch ihr relativ schnelles und lautes Spiel (Gould: 96 und forte/mezzoforte, Sultan: 84 und mezzoforte) erhält die Variation einen überaus ernsten Charakter; bei Gould wirkt das Stück durch seinen starken Anschlag sogar gehämmert, was dessen Schönheit Abbruch tut. Dem sehr wahrscheinlich in dieser Variation vom Komponisten intendierten heiteren Gehalt läuft dies jedenfalls zuwider.[174] Dementsprechend wären die Interpretationen von Landowska und Richter am adäquatesten. Doch soll hier auch eine andere Möglichkeit verteidigt werden, nämlich die Interpretationsrichtung, die Leonhardt und Kempff beim *Quodlibet* einschlagen. Sie spielen das Stück als eine Art nachdenklichen, zurückhaltenden und vielleicht ein wenig melancholischen Abgesang auf die durchlebte Folge von 30 höchst verschiedenen Variationen. Auch diese musikalische Lösung stellt eine plausible interpretatorische Möglichkeit für diese letzte Variation dar. Nur das ernste, etwas nichtssagende Spiel von Gould und Sultan geht leider etwas unaufmerksam über diesen wichtigen Moment im Werk hinweg. Wir sehen also: Die einzelnen Variationen der *Goldberg-Variationen* sind ganz bestimmt nicht beliebig zu interpretieren, doch ebenso sicher gibt es auch nicht nur die eine wahre Interpretation. Denn im *Quodlibet* sind sowohl die Interpretation von

---

[174] Christoph Wolff: Johann Sebastian Bach, S. 29. Das Quodlibet wurde in der Bach-Familie traditionell bei Familienfeiern vorgetragen, wobei die Verarbeitung von Volkliedmelodien zur allgemeinen Erheiterung diente.

Landowska und Richter, als auch diejenigen von Leonhardt und Kempff auf ihre Weise überzeugend.

12. Aria und Zusammenfassung

Mit dem erneuten Erklingen der Aria sind wir am Ende unserer Interpretationsbetrachtung angelangt. Es bleibt, die in den einzelnen Variationen gemachten Beobachtungen zu allen untersuchten musikalischen Aspekten zu ordnen, um so am Ende die einzelnen Einspielungen als Ganzes in den Blick zu bekommen. Dabei soll herausgefunden werden, ob die jeweils festgestellten interpretatorischen Tendenzen sich auch in den anderen Variationen bestätigen oder sich vielleicht vielmehr relativieren und differenzieren. Zunächst werfen wir aber noch einmal einen kurzen Blick auf die Aria.

Der Eindruck vom Beginn des Werkes wiederholt sich: Alle Interpreten spielen die Aria agogisch frei, in langsamen Tempo (zwischen 42 und 50) mit einer reich verzierten Melodik, wie sie vom Komponisten vorgegeben ist; nur Wilhelm Kempff spielt förmlich ein anderes Stück, indem er die klein gedruckten

Noten und Verzierungen ignoriert und wie am Anfang ein deutlich schnelleres Tempo vorlegt (69). Die
Aria wird folglich auf gleiche Weise interpretiert wie
am Anfang, keiner der Interpreten nimmt eine gravierende Veränderung vor; und doch wirkt sie ganz anders als zu Beginn des Variationenzyklus. Peter
Williams sieht in diesem absonderlichen Phänomen
ein Zeichen für die oft beschworene, geheimnisvolle
Macht der Musik:

> «This repeat of the Aria seems itself to
> say something about the strange power
> of great music, for as one hears it a final
> time, its aura is different. It has changed
> from a greeting to a farewell, from ele-
> gantly promising to sadly concluding.
> But how can this be, when the notes are
> the same and even the manner of play-
> ing them need not have changed?»[175]

In unserer Betrachtung zeigt sich, dass sich in der Tat
die Interpretation nicht zu ändern braucht, damit die
Aria in einem völlig anderen Licht erscheint: Sie erscheint nicht mehr als feierliche Eröffnung, sondern
als leicht melancholischer Abschluss, wie Williams
sehr treffend konstatiert. Das bloße Wissen darum,
dass es sich um Anfang oder Ende des Zyklus handelt,

---

[175] Peter Williams, S. 2.

führt anscheinend zu der entsprechenden Stimmung beim Hörer. Möglicherweise hat dies etwas mit dem zu tun, was innerhalb der 30 Variationen geschehen ist. Kommen wir also zur Zusammenfassung, die versuchen soll, alle 30 Variationen im Hinblick auf die untersuchten musikalischen Aspekte zu betrachten.

Wir hatten unsere Untersuchung mit dem wichtigen Aspekt des Tempos begonnen. Eine dort geäußerte grundsätzliche Annahme war das Bestehen eines auf das Tempo bezogenen Schemas, das auf den Aufbau des Variationenzyklus zurückzuführen ist. Hierbei steht das schnellste Tempo immer in der Mitte der beschriebenen Dreiergruppen, dem Standort der virtuosen Variationen entsprechend. Am Ende unserer Betrachtung lässt sich sagen, dass diese Bogenstruktur tatsächlich in fast allen Dreiergruppen des Werkes zu beobachten ist. Alle sechs Interpreten spielen in der Regel die mittlere Variation, also diejenige vor dem Kanon, am schnellsten. Eine Ausnahme bilden die Variationen 1, 2 und 3, da dort die virtuose Variation an erster Stelle steht. Weitere Ausnahmen sind die Variationen 19, 20 und 21, sowie 22, 23 und 24. Wir hatten im zweiten Kapitel erfahren, dass Heinz Hermann Niemöller die Variation 19 nach dem Vergleich mit zahlreichen anderen Werken J. S. Bachs als Passepied bezeichnet. Diese Einschätzung liefert eine mögliche Erklärung für das Phänomen, dass diese Variation schneller gespielt wird als die folgende virtuose Variation, da es sich beim Passepied um eine schnelle Tanzform handelt. Im Fall der Variation 22, die ebenfalls von den meisten Interpreten schneller gespielt wird als die folgende virtuose Variation, ist die Lage weniger eindeutig. Niemöller hatte diese Variation als Gavotte bezeichnet, was einen mäßig schnellen Tanz bedeuten würde. Aus dieser Sicht liefern Landowska und Gould an dieser Stelle die stimmigste Interpretation, da sie die folgende Variation 23 schneller spielen als die Variation 22. Andererseits handelt es sich bei der festgestellten auf das Tempo bezogenen Bogenstruktur nur um ein Schema, das aus dem Charakter der einzelnen Variationen erwächst, ohne dass das Schema selbst einen interpretatorischen Wert an sich besäße – es ist einfach Ausdruck der inneren Gliederung des Variationenzyklus, wie wir sie in Kapitel II kennengelernt haben. Scheinbar ganz natürlich findet diese Gliederung in der Tempowahl der sechs Interpreten ihren interpretatorischen Ausdruck.

Freilich differieren die gewählten Tempi oft sehr stark, da einzelne Interpreten sich immer wieder durch extreme Tempi auszeichnen. Der zu Anfang gewonnene Eindruck, dass Glenn Gould häufig besonders schnell spielt, bewahrheitet sich für den gesamten Zyklus: 23 mal ist Glenn Gould der schnellste Interpret; einmal allerdings auch der langsamste. Dies ist bezeichnenderweise bei der von Bach mit der Tempoangabe *adagio* versehenen Variation 25 der Fall. Glenn Gould steht insofern also für tempomäßige Extreme, wobei freilich die schnellen Tempi seine Interpretation bestimmen. Das andere Extrem, die langsamen Tempi, werden offenbar besonders von Gustav Leonhardt geschätzt. Er ist 16 mal derjenige Interpret, der bei den 32 Stücken das langsamste Tempo vorlegt. Gerade auch bei den virtuosen Variationen hält er sich zurück und ist häufig der Langsamste.

Auch Wanda Landowska ist scheinbar eine Verfechterin eher langsamer Tempi. Zwar spielt sie einige der mittleren Variationen recht virtuos, wählt jedoch ansonsten in der Regel langsame Tempi. Interessanterweise ist es Landowska, die in der Variation 13, die Niemöller als eine der Aria verwandte Sarabande bezeichnet hatte, das mit Abstand langsamste Tempo wählt und so als Einzige den Sarabande-Charakter der

Variation klar zur Geltung bringt. Zwar spielt auch Leonhardt hier ein recht langsames Tempo, unterstreicht aber nicht so deutlich den Charakter der Variation, wie Landowska es mit ihrem extrem langsamen Tempo tut. Grete Sultan scheint demgegenüber schnelle Tempi zu bevorzugen. Freilich nicht in der extremen Weise des jungen Glenn Gould, aber häufig in einem gewissen Abstand zu den meisten anderen Interpreten, der immer noch zu einer deutlich virtuosen Interpretation vieler Variationen führt. Insofern lässt sich auch von einer gewissen Verwandtschaft ihrer Interpretation zu derjenigen Goulds sprechen.

Wilhelm Kempff ist da mit der Verwendung schneller Tempi in vielen Variationen ein wenig zurückhaltender, was allerdings in gleicher Weise für langsame Tempi gilt. Hinzu kommt, dass Kempff oft gerade dort, wo alle anderen Interpreten ein langsames Tempo wählen, schneller spielt. Dies gilt für die Aria, die er beide Male recht rasch interpretiert, sowie auch für die 25. Variation mit der Bachschen Angabe *adagio*. Kempff übergeht also bewusst kompositorische Angaben und Intentionen und gibt den Stücken ein völlig anderes Gepräge – die verfremdende Wirkung, die er durch das Weglassen der Ornamente erzielt, wird hierdurch insbesondere in der Aria zusätzlich verstärkt. Insgesamt schreckt seine Interpretation vor extremen Tempowechseln zurück und wird im Allgemeinen durch die Wahl mittlerer Tempi geprägt. Dasselbe gilt für die Tempowahl Karl Richters, der weder durch besonders langsame, noch durch besonders schnelle Tempi auffällt. Es lässt sich also sagen, dass sich unsere Eindrücke vom Anfang der Untersuchung im Wesentlichen bestätigen lassen.

Für die Dynamik, die wir als nächste musikalische Kategorie betrachtet hatten, lassen sich nicht wie beim Tempo einfache Formeln zur Beschreibung der einzelnen Interpretationen finden und auch kein auf alle Einspielungen zutreffendes Schema. Dies hatte sich schon bei der Betrachtung der ersten sechs Variationen gezeigt. Zudem tritt hinzu, dass man bei Cembaloeinspielungen nicht ohne weiteres von Dynamik sprechen kann, da die Registerwechsel in erster Linie eine Änderung des Klangbildes herbeiführen und erst hierdurch der Eindruck einer veränderten Lautstärke entsteht; diese Problematik wurde bereits in Kapitel IV angesprochen. Deutlich wird dies bei der Aufnahme Wanda Landowskas, die in einer Reihe von Variationen lediglich das 4-Fuß-Register hinzunimmt und damit zwar der Klang heller wird, jedoch nicht wesentlich lauter. Da sie dies in etwa neun Variationen macht und in noch mehr Variationen nur das 8-Fuß-Register verwendet, wirkt ihre Interpretation dynamisch etwas zurückhaltend. Denn sie benutzt das 16-Fuß-Register und die Zusammenschaltung der beiden 8-Fuß-Register, die zu einem größeren akustischen Volumen führen, jeweils nur fünf beziehungsweise sechsmal. Die überwiegende Zahl der Variationen erklingt bei ihr somit in mittlerer Lautstärke.

Weniger zurückhaltend ist die Interpretation Glenn Goulds, bei dem die meisten Variationen in forte oder mezzoforte erklingen. Allerdings wird Gould in der Dynamik von Grete Sultan übertroffen, die noch mehr Variationen in forte oder mezzoforte spielt als er. Etwas was bei Gould nur stellenweise auftritt, ist bei Sultan häufiger: das Wechseln der Dynamik innerhalb einer Variation, zum Teil durch Crescendieren und oft durch eine leisere Dynamik in der Wiederholung eines Teils. Dies ist freilich eine gängige pianistische Praxis auf die Gould bei seiner Interpretation vermutlich bewusst verzichtet. Eine andere interessante Beobachtung in der Einspielung von Grete Sultan ist, dass sie alle Kanons, bis auf den Kanon in der None, relativ leise spielt. Dies fällt deswegen besonders stark auf, da sie praktisch alle anderen Variationen lauter spielt. Hierdurch werden die Kanons in ihrer Interpretation von den anderen Variationen unterschieden und erhalten ein gemeinsames Merkmal.

Gustav Leonhardt benutzt ebenfalls ein quasi dynamisches Mittel, um die Kanon-Variationen hervorzuheben: Er verwendet für sie immer beide zusammengeschalteten 8-Fuß-Register. Die einzige Ausnahme ist der erste Kanon, für den er nur das einfache 8-Fuß-Register benutzt. Demnach geht Leonhardt einen ganz ähnlichen Weg wie Sultan, nur dass er die Kanons lauter statt leiser spielt, um sie von den übrigen Variationen zu unterscheiden. Da viele Variationen bei Leonhardt – im Gegensatz zur Interpretation Grete Sultans – eher leise sind, ist diese Lösung naheliegend. Allerdings erklingen bei Leonhardt auch andere Variationen in der Registrierung mit beiden 8-Fuß-Registern, so dass dieser dynamischen Hervorhebung der Kanongruppe bei Leonhardt nicht dieselbe Eindeutigkeit zugesprochen werden kann, wie den piano gespielten Kanons bei Sultan.

In Wilhelm Kempffs Interpretation überwiegen die Variationen, die er in piano oder mezzopiano spielt.

Nur recht selten erklingt bei ihm eine ganze Variation in forte; eigentlich nur an exponierten Stellen wie der Variation 10, der *Fughetta*, oder der Variation 16, der *Ouverture*. Es scheint also so, als ob Kempff diese Variationen dynamisch hervorheben will, ähnlich der bei Sultan und Leonhardt festgestellten Hervorhebung der Kanongruppe. Oder entspricht er mit dem Forte-Spiel dem Charakter der *Fughetta* und der *Ouverture*? Wir werden dies noch zu beantworten versuchen. Auf jeden Fall ist eine zurückhaltende Dynamik ein wichtiges Kennzeichnen der Einspielung Kempffs. Zu dieser Dynamik gehört jedoch, dass sie fast ständig in Entwicklung begriffen ist, sich etwa innerhalb einer Variation von einem mezzopiano zu einem forte entwickelt und wieder zu piano zurück.[176] Dies ist etwas, das wir schon für Grete Sultans Spiel festgestellt haben, in ungleich höherem Maße aber für Wilhelm Kempffs Interpretation zutrifft. Bei Karl Richter tritt indes eine andere Art von dynamischem Wechsel in den Vordergrund und zwar der von Cembalo-Registern. Richters Vorliebe gilt dabei offenbar gleichermaßen den zusammengeschalteten 8-Fuß-Registern, wie auch dem 16- und dem 4-Fuß-Register. Dies führt

---

[176] Etwa in der Variation 2.

dazu, dass seine Einspielung von einem vollen Cembaloklang geprägt wird, der jedoch mit fast jeder Variation – und nicht selten auch innerhalb einer Variation – wechselt. Der Eindruck für den Hörer ist demzufolge der einer lauten und derben Interpretation. Die leise gespielten Variationen, bei denen sich Richter lediglich des 8-Fuß-Registers, zum Teil mit zugeschaltetem 4-Fuß, bedient, sind eher die Ausnahme.

Als nächstes hatten wir die Ornamentik untersucht. Hier stellt sich das Problem, dass aussagekräftige Erkenntnisse nur aufgrund einer genaueren Betrachtung, wie wir sie vorgenommen hatten, zustande kommen. Die oberflächlicheren Beobachtungen, die bei den anderen Variationen gemacht wurden, sind nur dazu geeignet, die in der Detailanalyse festgestellten Tendenzen noch einmal zu überprüfen. Danach zeigt sich, dass Wanda Landowska über die ausgefeilteste Ornamentik verfügt, indem sie sehr stark differenziert und viele verschiedene Spielweisen von Verzierungen anwendet. Dies hatte sich schon in unserer Analyse der Variation 7 gezeigt. Glenn Gould und Karl Richter pflegen einen recht freien Umgang mit den Ornamenten, indem sie häufiger als die anderen Interpreten Ornamente weglassen, aber auch stellenweise hinzufügen. In der Variation 5 beispielweise lässt Gould Ornamente weg, während Richter einige hinzufügt. Auch diese Tendenz hatte sich in unserer Untersuchung gezeigt. Bei Grete Sultan hatten wir demgegenüber eine Tendenz zur herkömmlichen, gleichförmigen und notengetreuen Wiedergabe von Verzierungen festgestellt, die sich auch in den meisten anderen Variationen zeigt. Dass wir diese Tendenz auch für Gustav Leonhardts Interpretation angenommen hatten, ist allerdings im Blick auf die Gesamtheit der Variationen unberechtigt. Zwar ähneln seine Verzierungen bisweilen denen Sultans, doch gibt es zahlreiche Stellen, an denen er einen lockereren Umgang mit den Ornamenten zeigt. Ähnlich wie Gould und Richter setzt er Ornamente hinzu und lässt andere weg. Auch bei Wilhelm Kempff ist die Aussage, die wir getroffen hatten, nicht ganz zutreffend, denn er lässt nicht alle Ornamente des Werkes weg, sondern spielt in einzelnen Variationen einige Verzierungen; so in Variation 5 und in den Variationen 16 und 24, wo er lange Triller spielt.

Aus den Ergebnissen der rhythmischen Untersuchung der Variationen 10, 11 und 12 waren lediglich leichte Tendenzen für die einzelnen Interpretationen ersichtlich. Diese lassen sich im Hinblick auf alle Variationen zum Teil bestätigen, zum Teil aber auch differenzieren. So lässt sich bestätigen, dass Gustav Leonhardt relativ häufig deutliche agogische Schwankungen für seine Interpretation nutzt, während Wanda Landowska dies weniger häufig tut, als man nach unserer Untersuchung hätte vermuten können.[177] Eigentlich widerspricht dies auch der Erwartungshaltung, dass eine Interpretin aus der Generation Landowskas anscheinend weniger von agogischer Freiheit Gebrauch macht, als ein historisch orientierter Interpret wie Leonhardt. Noch deutlicher durchkreuzt wird diese Erwartung von dem Befund, dass auch Wilhelm Kempff keine so deutlichen Temposchwankungen in seine Interpretation einbezieht wie Leonhardt. Demgegenüber ist es bei den Klaviereinspielungen Glenn Gould, der den freiesten Umgang mit dem Tempo pflegt.[178] Auch dies mag erstaunen. Allerdings findet sich dieser freie Umgang mit dem Metrum bei Gould vorwiegend in den langsamen Variationen – also insbesondere in den

---

[177] Leonhardt in den Variationen 1, 6, 12, 13,15 und 25, Landowska in 13 und 15.
[178] In den Variationen 6, 13, 21, 25, 28.

Variationen 13 und 25, sowie in der Aria. Dies gilt weitgehend auch für die anderen Interpreten, die sich agogische Abweichungen vom Grundmetrum gestatten. Die Arie beispielsweise spielen alle Interpreten außer Karl Richter mit relativer agogischer Freiheit und die Variation 13 wird von allen außer Kempff und Sultan auf eine agogisch flexible Art interpretiert. Dies weist schon darauf hin, dass Grete Sultan keinen häufigen Gebrauch von agogischen Schwankungen macht, was bis auf die Ausnahme der Aria auch zutrifft. Karl Richter ist ebenfalls ein Interpret, der sein Grundtempo immer ziemlich genau hält, abgesehen von den Variationen 13 und 24, die er agogisch etwas freier gestaltet.

Den anderen Aspekt, den wir in Bezug auf Rhythmus untersucht hatten, war die Hervorhebung des Taktschemas durch die Interpreten. Wir waren zu dem Eindruck gelangt, dass Gould und Leonhardt sich hier besonders hervortun, müssen aber im Hinblick auf das ganze Werk feststellen, dass die Interpretationen von Sultan und Kempff ebenfalls stellenweise schwere Zeiten im Takt betonen.[179] Zudem tritt bei

---

[179] Nach dem genauen Hören der gesamten Einspielungen bei Gould die Variationen 11, 12 und 18, bei

218

allen Einspielungen, außer derjenigen Landowskas, bei Variation 10 das Taktschema deutlich hervor, wobei dies eindeutig mit dem rhythmischen Gestus der *Fughetta* zusammenhängt. Auffällig ist, dass die Klaviereinspielungen sich verstärkt dem Taktschema widmen, was zu der naheliegenden Vermutung führt, dass dies nicht zuletzt instrumententechnische Gründe hat. Denn eine dynamische Betonung ist auf dem Cembalo eigentlich nicht durchführbar und nur durch einen länger angeschlagenen Ton zu simulieren. Die relative Seltenheit, mit der das Taktschema von den Interpreten hervorgehoben wird, zeigt aber auch, dass diese Frage für die Betrachtung der sechs Einspielungen von untergeordneter Relevanz ist. Einen rhythmischen Aspekt hatten wir bei Variation 12 noch festgestellt; und zwar, dass Glenn Gould durch sein virtuoses Spiel die Variation rhythmisch wesentlich markanter interpretiert als die anderen Interpreten. Dieses Phänomen lässt sich bei Gould erneut in der Variation 20 beobachten, in der er ebenfalls ein deutlich schnelleres Tempo wählt als alle anderen

---

Leonhardt die Nummer 11, bei Sultan 1 und 8 und bei Kempff 1, 2 und 11.

Interpreten und so einen rhythmisch mitreißenden Gestus entwickelt.

Die Beschäftigung mit der wichtigen musikalischen Kategorie der Artikulation sollte uns darüber Aufschluss geben, welche artikulatorische Präferenzen die einzelnen Interpreten haben. Unsere Vermutungen, die sich aus der Untersuchung der Variationen 13, 14 und 15 ergaben, lassen sich am Ende nicht ganz bestätigen. Entscheidend ist, dass sich Glenn Gould deutlich von den anderen Interpreten unterscheidet, da er häufiger von Nonlegato- und Staccatospiel Gebrauch macht und deutlich seltener als alle anderen legato spielt. Während die anderen Interpreten in fast allen Variationen etwas oder alles legato artikulieren, tut Gould dies in nur etwa der Hälfte der Variationen. Ebenso häufig spielt er non legato oder staccato. Seine angenommene Vorliebe für Nonlegato-Artikulation lässt sich bestätigen, die Annahme, Sultan und Leonhardt würden ihm hierin ähneln, hingegen nicht. Vielmehr sind es Leonhardt und Landowska, die ähnlich oft wie Gould staccato artikulieren. Demzufolge ist es Glenn Gould, der am differenziertesten artikuliert; vor allem deshalb, weil er häufig statt legato non legato spielt. Wanda Landowska und Gustav Leonhardt verfügen durch ihr relativ häufiges Staccato-

Spiel über eine noch recht abwechslungsreiche Artikulation, wohingegen Grete Sultan, Wilhelm Kempff und Karl Richter fast immer legato spielen und nur recht selten non legato oder staccato. Die Nonlegato-Artikulation scheint ein klares Kennzeichen der Gouldschen Einspielung zu sein, da sie bei allen anderen Interpreten höchstens in einer Handvoll Variationen vorkommt.

Bei der zusammenfassenden Sicht auf die Phrasierung der sechs Interpreten ergibt sich indes ein etwas anderes Bild. Insbesondere bei Glenn Gould zahlt sich seine artikulatorische Vielfalt nicht als besonders klare und deutliche Phrasierung aus. Vielmehr ist Glenn Gould einer der Interpreten, die in der Phrasierung Defizite haben. Demgegenüber ist die Phrasierung von Gustav Leonhardt überaus klar und differenziert. Wanda Landowska ist bei der Phrasierung zwar ein wenig zurückhaltender als Leonhardt, liefert uns aber dennoch ein klares Bild von den thematisch-motivischen Strukturen des Werkes. Übertroffen wird sie darin, außer von Leonhardt, nur noch von Wilhelm Kempff, der ebenfalls sehr deutlich musikalische Phrasen aus dem Notentext entwickelt. Wie sich schon in unserer genaueren Betrachtung der

Phrasierung andeutete, ist die Phrasierungspraxis von Grete Sultan und Karl Richter weit weniger klar, als jene von Leonhardt, Kempff und Landowska. Einige angenommene Tendenzen haben sich somit wiederum bestätigt. Was in der Untersuchung nicht zur Sprache kam, ist die Möglichkeit mithilfe von dynamischen Spannungsbögen zu phrasieren. Eine solche dynamische Phrasierung praktiziert vor allem Kempff; zuweilen auch Grete Sultan. Hier liegt demnach möglicherweise ein Grund dafür, dass Goulds und auch Sultans Phrasierung weniger deutlich erscheint, da sie von dieser Möglichkeit wenig Gebrauch machen.

Artikulation und Phrasierung drücken sich freilich auch in der Klarheit und Unterscheidbarkeit der einzelnen Stimmen bei den zahlreichen kontrapunktisch komponierten Variationen aus. Zu einer zum Teil absoluten Klarheit dieser kontrapunktischen Strukturen bringt es Gustav Leonhardt. Er nutzt hierzu einerseits die Möglichkeit einer verschiedenen Registrierung unterschiedlicher Stimmen mithilfe der beiden Manuale[180], andererseits aber auch Artikulation und Phrasierung, um mehrere Stimmen klarer darzustellen

---

[180] Dies wird besonders deutlich in den Variationen 5, 13, 14, 17, 20, 26, 27 und 28.

222

und voneinander abzugrenzen.[181] Bei einigen Variationen kommen mehrere dieser Mittel zusammen, um sehr deutlich voneinander zu unterscheidende Stimmen zu gewinnen, die dennoch gleichberechtigt nebeneinander herlaufen. Leonhardt beherrscht diese Kunst offensichtlich sehr gut. Doch auch Wanda Landowska und Glenn Gould verstehen sich sehr gut auf das klare Spiel mehrstimmiger Musik. Zwar heben sich die einzelnen Stimmen nicht immer ganz so glasklar voneinander ab wie bei Leonhardt, doch bringen auch sie die komplexen musikalischen Strukturen zu einer ausgewogenen Darstellung, die alles Wesentliche enthält. Landowska erreicht das wie Leonhardt einerseits durch die verschiedenen Register, andererseits vor allem durch ihre Artikulation.[182] Auch Glenn Gould nutzt ebenfalls artikulatorische Mittel[183], wobei er alle Stimmen dynamisch gleich

---

[181] Durch Artikulation besonders in den Variationen 3, 8, 14, 20, 26 und 27 und durch Phrasierung in Nummer 2, 7, 14, 17, 20 und 26.

[182] Verschiedene Register tragen in den Variationen 1, 2, 5, 8, 13, 14, 17, 20 sowie der Aria zu einer klaren kontrapunktischen Darstellung bei, Artikulation nutzt sie dagegen besonders deutlich in den Variationen 19, 24 und 26.

[183] Besonders deutlich in den Variationen 1, 3, 5, 8, 14 und 19.

stark gewichtet. Offenbar kommt er mit minimalen musikalischen Mitteln zu einem sehr durchsichtig wirkenden kontrapunktischen Gewebe. Es wäre eine interessante Aufgabe, dieses Phänomen einmal genauer zu untersuchen. Denn nach unserer Betrachtung lässt sich nicht genau sagen, wie Gould zu diesem erstaunlichen musikalischen Resultat kommt. Insbesondere die Variationen 12, 15, 17, 21 in Goulds Interpretation gehören zu den kontrapunktisch klarsten Interpretationen, die in dieser Arbeit untersucht wurden. Es fällt auf, dass einige Kanons dazugehören und es liegt auf der Hand, dass gerade sie Träger kontrapunktischer Strukturen sind.

Betrachtet man die Einspielungen von Grete Sultan und Wilhelm Kempff im Hinblick auf kontrapunktische Erscheinungen, so wird schnell deutlich, dass beide Interpreten dazu neigen, Stimmen, die sie für wichtig halten, dynamisch hervorzuheben. Unsere Vermutung, dass diese Praxis lediglich auf Kempffs Interpretation zutrifft, ist nicht richtig. Beide Interpreten heben in der Mehrzahl der Variationen eine Stimme hervor.[184] Da sie dies auch in den Kanon-

---

[184] Sultan in 1, 2, 3, 4, 6, 7, 8, 9, 10, 12, 13, 14, 15, 17, 25, 28, 30 und zweimal in der Aria. Kempff in 1, 2, 3, 6,
224

Variationen vornehmen, indem sie den jeweiligen
Einsatz der Kanonstimmen ein wenig lauter spielen,
führt dies gerade dort zu einer kontrapunktischen Interpretation, die stets eine Stimme privilegiert. Ob
Grete Sultan ihre in Kapitel III genannte Intention,
bei den Wiederholungen jeweils verschiedene Stimmen hervorzuheben, systematisch verfolgt, ist fraglich, da entsprechende Beobachtungen nicht gemacht
werden konnten.

Die Cembaloeinspielungen hingegen zeichnen sich
dadurch aus, dass die Kanons auf nur einem Manual
gespielt werden und folglich gar keine klanglichen o-
der dynamischen Unterschiede zwischen den Kanonstimmen entstehen können – bis auf den letzten
Kanon in der None, der auf zwei Manualen zu spielen
ist. Insofern ist auch Glenn Goulds Interpretation
cembalistisch, da er kaum dynamische Unterschiede
zwischen den verschiedenen Stimmen macht. Die Interpretation Karl Richters schließlich ist in der Darstellung der Mehrstimmigkeit nicht so eindeutig wie
die anderen beiden Cembalointerpretationen und
auch nicht wie die Interpretation Glenn Goulds. Nur

9, 10, 11, 12, 13, 14, 15, 17, 18, 19, 20, 21, 22, 24, 25,
26, 27, 28, 30 und zweimal in der Aria.

eine Handvoll Mal nutzt er die beiden Manuale zur klanglichen Differenzierung von Stimmen[185] und seine Artikulation und Phrasierung trägt nicht sonderlich dazu bei, die einzelnen Stimmen klarer darzustellen. Vielmehr wirkt sein Spiel in einigen Variationen eher unklar; oftmals dann, wenn er beide 8-Fuß-Register oder das 16-Fuß-Register benutzt und auf diese Weise einen zwar vollen aber auch akustisch unklaren Klang erzeugt. Hierunter leidet die Darstellung einiger kontrapunktisch geprägter Variationen.[186] Insofern ist es bei Richters Einspielung die Beschaffenheit des Neupert-Instruments, die zu musikalischen Abstrichen führt; wobei die Variationen, die er nur mit 8-Fuß-Register spielt auch auf diesem Instrument klar und deutlich wirken. Also ist es letztlich auch Richters Vorliebe für volle Registrierungen, die zu diesem Problem führt. So klingen die meisten Kanons bei Richter recht durchsichtig, da er sie nur auf einem Manual spielt.

Auf der schwer zu fassenden musikalischen Ebene, die wir Stil genannt hatten, führen die oft vollen Registrierungen in Karl Richters Einspielung zu dem

---

[185] Nämlich in den Variationen 5, 14, 20, 25 und 28.
[186] Namentlich die Variationen 1, 6, 8, 10 und 28.

Eindruck, eine sehr zupackende, energische und ausdrucksvolle Interpretation zu hören. Dieser Eindruck ist jedoch keineswegs nur positiver Art, da insbesondere das 16-Fuß-Register des Neupert-Cembalos, aber auch die Zusammenschaltung der beiden 8-Fuß-Register zu einem verworrenen, unklaren Klangbild führen. Andererseits tritt in vielen Variationen auch ein eher nüchternes, objektives Spiel an die Stelle des sonst so mächtigen und ausladenden musikalischen Gestus. Beide Arten des musikalischen Ausdrucks halten sich bei Richter die Waage und machen jeweils etwa ein Drittel der gesamten Variationen aus. In einer Handvoll Variationen wirkt Richters Spiel zudem recht virtuos. In Wanda Landowskas Interpretation macht der schon bei Richter gefundene nüchtern-neutrale Gestus etwa ein Drittel der Variationen aus. Einige Variationen wirken demgegenüber sehr zurückhaltend und ruhig, ebenso viele haben einen heiteren, gelösten Ausdruck. Nur sehr wenige erscheinen beim Hören wirklich virtuos. Ihre Aufnahme vermittelt demnach einen eher objektiven, zuweilen zurückhaltenden, wenig virtuosen, eher heiter-entspannten Eindruck. Bei der Einspielung Gustav Leonhardts fällt ein objektiv-nüchterner musikalischer Gehalt noch mehr ins Gewicht als bei den anderen beiden Cembalointerpretationen. Fast die Hälfte der Variationen besitzt bei Leonhardt einen ziemlich neutralen musikalischen Ausdruck. Zudem wirken eine ganze Reihe von Variationen bei ihm sehr konzentriert und versunken – etwa ein Drittel –, so dass der Eindruck einer eher rational denn emotional verstandenen Musik entsteht. Nur wenige Variationen wirken bei Leonhardt virtuos beziehungsweise besonders ausdrucksvoll oder energisch. Demgegenüber besitzt bei Glenn Gould etwa jede dritte Variation einen klaren virtuosen Gestus – zumeist die auch von uns als virtuos bezeichneten mittleren Variationen. Dieser wird verstärkt durch einen zuweilen energisch, zuweilen heiter klingendes Spiel. Auf der anderen Seite wirken eine Reihe von Variationen ruhig und zurückhaltend, sogar ernst und melancholisch. Die Interpretation Goulds verfügt demnach über eine große Ausdrucksskala, die einen klaren Schwerpunkt bei der Virtuosität aufweist. Variationen, die in Goulds Einspielung eher neutral und nüchtern wirken, sind recht selten, kommen aber vor. Der Unterschied zu Grete Sultans Interpretation wird hier deutlich. Denn bei ihr haben fast ebenso viele Variationen einen objektiv-neutralen Ausdruck wie bei

Leonhardt; Objektivität ist der bestimmende musikalische Ausdrucksgehalt ihrer Einspielung. Jeweils ein Viertel der Variationen wirkt virtuos oder aber ruhig und friedlich, zudem besitzen einige einen recht energischen Ausdruck. Dennoch wirkt ihre Interpretation im Ganzen nüchtern und objektiv. In gewissem Sinne ist die Einspielung Wilhelm Kempffs ein Gegenbild hierzu, da er der überwiegenden Zahl der Variationen einen entweder heiteren oder aber zurückhaltenden Gestus verleiht. Echte Virtuosität kommt bei ihm nicht vor, zuweilen nur ein recht energischer Gestus, als leichter Kontrast zu dem ansonsten herrschenden heiter-versunkenen. Wohlgemerkt ist die Vergabe beschreibender Adjektive für den musikalischen Ausdrucksgehalt der unterschiedlichen Interpretationen ein rein subjektives Verfahren, das keinen Anspruch auf Gültigkeit hat. Aus Gründen der Vergleichbarkeit wurde zudem nur eine begrenzte Anzahl von Adjektiven benutzt. Andere Hörer würden die vorliegenden Interpretationen sicherlich mit zum Teil ganz anderen Adjektiven beschreiben. Dennoch können hierbei Tendenzen beschrieben werden, die sich mit den vorher durch genaues, kritisches Hören gewonnenen

Befunden decken und so zur Beschreibung der Interpretationen dienen.

Als letzte musikalische Kategorie hatten wir die Form untersucht. Hiermit war vor allem der Umgang der Interpreten mit den Wiederholungszeichen im Notentext gemeint. Wir hatten festgestellt, dass Grete Sultan und Karl Richter als Einzige alle Wiederholungen spielen, Wilhelm Kempff dies nur bei den Kanons tut und sonst immer nur den ersten Teil einer jeden Variation wiederholt und Wanda Landowska, Glenn Gould und Gustav Leonhardt gar keine Wiederholungen spielen. Diese Darstellung ist zu differenzieren, wobei es in Bezug auf die gesamte Einspielung lediglich bei Landowska und Richter weitergehende Erkenntnisse gibt. Zunächst zu Landowska: Sie spielt die Variationen 4, 10 und 22 mit Wiederholungen, die sie bei den Variationen 4 und 10 zudem mit einer anderen Registrierung spielt als beim ersten Durchlauf. Weshalb sie dies gerade bei diesen Variationen macht, ist eine offene Frage; es könnte etwas mit der Vierstimmigkeit dieser Variationen zu tun haben, auf die wir schon in Kapitel II durch einen Hinweis von Andreas Traub gestoßen waren. In drei weiteren Variationen macht Landowska eine Da-capo-Wiederholung, indem sie am Ende lediglich die ersten acht Takte des ersten Teils wiederholt und dann auf einer Fermate endet; dies geschieht in den Nummern 5, 7 und 18. Wieder könnte man fragen, weshalb sie gerade diese Variationen hierzu auswählt. In Variation 16 wiederholt sie lediglich den zweiten Teil, wodurch die wegen des Taktwechsels ohnehin deutlichere Zweiteiligkeit der *Ouverture* zusätzlich hervorgehoben wird. Ansonsten fällt auf, dass Landowska nicht selten während einer Variation Registerwechsel vornimmt. In der Variation 1 sogar innerhalb der einzelnen Teile, wodurch sie die Variation in acht plus acht Takte im ersten Teil und zehn plus sechs Takte im zweiten zergliedert. Sie schafft auf diese Weise voneinander abgesetzte Formteile. In den Variationen 3, 4 und 11 geschieht dies durch einen Registerwechsel zwischen erstem und zweitem Teil. Hier wird die Zweiteiligkeit der Variationen verdeutlicht. Im Unterschied hierzu nimmt Karl Richter Registerwechsel zum Spielen einiger Wiederholungen vor, so zweimal in der Aria und den Variationen 4, 12, 15, 16 und 21. Es fällt auf, dass es sich hier zum Teil um Kanons handelt und es ist zu vermuten, dass Richter diese Variationen quasi aus verschiedenen klanglichen Perspektiven darstellen will. Zu bemerken ist noch, dass er die Aria am Ende ohne Wiederholungen spielt.

Hiermit ist die zusammenfassende Sicht auf die gesamten sechs untersuchten Einspielungen beendet. Ein letztes Kapitel soll nun dazu dienen, die gewonnenen Erkenntnisse im Hinblick auf das Verstehen des interpretierten Werkes zu verarbeiten.

V. VERSTEHEN

1. Musik im Vollzug

Am Ende zeigt sich also, dass die sechs betrachteten Interpretationen in der Tat deutliche Unterschiede aufweisen und auf diese Weise ein recht breites Spektrum interpretatorischer Möglichkeiten repräsentieren. Freilich sind sich einige Aufnahmen näher als andere und dies auch unabhängig von dem fundamentalen klanglichen Unterschied der Instrumente Klavier und Cembalo. In gewisser Weise sind sich die Aufnahmen Gustav Leonhardts und Grete Sultans recht ähnlich; nämlich in Bezug auf ihre nüchtern-objektive Darstellung des Notentextes. Man könnte auch sagen, dass Sultans Interpretation eine gewisse Ähnlichkeit mit der Interpretation Glenn Goulds hat; dies in Bezug auf deren Virtuosität. Allerdings besitzen gerade die Einspielungen von Glenn Gould, Wanda Landowska, Wilhelm Kempff und Karl Richter eine je ganz eigene Ausprägung, die sie von allen anderen Interpretationen unterscheidet. Ganz besonders deutlich wird das bei der Einspielung Wilhelm Kempffs, die eine sehr persönliche und subjektive Sicht auf das Werk eröffnet, bei der der individuelle Klavierstil des Interpreten relativ stark in den Vordergrund rückt.

Dies alles ist zum Teil mit Umständen zu erklären, die in Kapitel III skizziert wurden. Die Interpreten stammen aus verschiedenen Generationen. Landowska wurde 1879, Kempff 1895 geboren. Beide erhielten eine musikalische Ausbildung, die noch ganz von der musikalischen Romantik und den ästhetischen Idealen des 19. Jahrhunderts geprägt war. Bei Kempff kann man das ganz klar hören – ausladendes Crescendieren, häufiger Gebrauch des Pedals, lockerer Umgang mit dem Notentext –, auch wenn sich, wie wir festgestellt hatten, sein individueller Stil hieraus noch nicht erklären lässt. Bei Landowska ist es schon schwieriger: Einerseits ist sie die Wiederentdeckerin des Cembalos und Pionierin Alter Musik, andererseits eine Solistin mit großem künstlerischem Gestaltungswillen. Die untersuchte Einspielung ist daher auch eine Art Gratwanderung zwischen werktreuer Objektivität und künstlerischer Expressivität. Bei Grete Sultan liegen die Dinge ganz anders. Im Jahre 1906 geboren, ist sie gleichsam in die Wende von musikalischer Spätromantik zur Moderne hineingewachsen. Während Landowska eine Pionierin der Alten Musik war, wurde sie zu einer Pionierin der Neuen Musik.

Mehr als bei Landowska bringt das eine klare Tendenz zur Objektivität und Werktreue mit sich. Die zeitgenössische Musik fordert eine überaus große Genauigkeit und Sensibilität für kleinste Details. Um diesen Unterschied auf eine einfache Formal zu bringen: Wenn Landowska und Kempff noch Interpreten in der romantisch-expressiven Art des 19. Jahrhunderts sind, so ist Sultan bereits eine Interpretin der modern-nüchternen Art des 20. Jahrhunderts.

Die drei jüngeren Interpreten Karl Richter, Gustav Leonhardt und Glenn Gould gehören alle einer Generation an und sind dennoch sehr verschieden. Der 1926 geborene Richter wurde, wie wir gesehen hatten, von der Musiktradition des Dresdner Kreuzchores und der Bach-Interpretation der Leipziger Schule geprägt. Es nimmt also nicht wunder, dass Richter nicht zu einem Verfechter historisch informierter Aufführungspraxis wurde, sondern sich vielmehr auf eine subjektive Verbundenheit mit einer Musik beruft, die aus seiner Heimat Sachsen stammt, mit der ihn zudem seine eigene Familientradition verbindet. Er steht gleichsam für eine unmittelbare, zupackende und expressive Herangehensweise an die Musik. Der 1928 geborene Gustav Leonhardt dagegen ist einer der ersten Vertreter der historischen Aufführungspraxis, die seit den fünfziger Jahren immer mehr an Bedeutung zunahm. Sein Interpretationsstil ist durch ein Weniger an Expressivität und ein Mehr an Objektivität zwar grundsätzlich von dem Richters unterschieden, zeichnet sich aber ebenso durch eine unterschwellige musikalische Expressivität aus, ist also keineswegs rein objektiv. Das Spiel des 1932 geborenen Glenn Gould schließlich ist das des jungen Klavier-Genies, der mit Extremen verblüfft und provoziert, gleichzeitig aber eine mustergültige Interpretation des Werkes liefert.

Es ist naheliegend, nicht nur das Geburtsjahr der Interpreten und die damit verbundenen musikalischen Schulen und Traditionen in denen sie standen zu bedenken, sondern auch das Alter das sie hatten, als sie die hier betrachteten Aufnahmen machten. Es ist ein rein zufälliger Umstand, dass alle sechs Interpreten ein verschiedenes Lebensalter hatten, als die jeweiligen Einspielungen entstanden: Wanda Landowska war 66 Jahre alt bei ihrer zweiten Aufnahme der *Goldberg-Variationen* 1945; Glenn Gould war 22 als er 1955 seine erste Einspielung dieses Werkes machte; Grete Sultan war 53 als die Aufnahme 1959 entstand; Gustav Leonhardt war 37 als er das Werk 1965 zum zweiten Mal aufnahm; Wilhelm Kempff war 74 bei der Aufnahme im Jahr 1969; und Karl Richter war 44 bei seiner zweiten Einspielung des Werkes. Wir haben also einen gerade erwachsen gewordenen jungen Mann (Glenn Gould), einen noch jungen, aber schon erfahrenen Mann (Gustav Leonhardt), einen Mann im mittleren Alter (Karl Richter), eine Frau über 50 (Grete Sultan), eine alternde Frau (Wanda Landowska) und einen alten Mann (Wilhelm Kempff). Alle Lebensalter des erwachsenen Menschen sind vertreten und mit ihm jeder Stand an Erfahrung und Einsicht, die ein Mensch im Laufe seines Lebens sammelt. Sicherlich ist dies kein Schlüssel zur wesentlichen Bestimmung dieser sechs Einspielungen; aber bestimmt ein Aspekt, der zum ihrem besseren Verständnis dienen kann. Denn ist die Einspielung Goulds nicht in gewisser Weise ein Ausdruck von ungezügelter Kraft und jugendlichem Idealismus? Und ist Kempffs Interpretation dagegen nicht viel milder und von einer heiteren Gelassenheit, wie sie zuweilen Älteren zu eigen ist?

Vor platten Klischees jedoch wollen wir uns schützen und wiederholen noch einmal, dass diese Sichtweise nur einen von vielen möglichen Zugängen zu den

Interpretationen darstellt. Man sollte sich etwa hüten, Glenn Goulds Interpretation als oberflächlich und rein virtuos zu bezeichnen und dabei auf sein noch geringes Alter zu verweisen. Hiergegen spricht schon der Text, den Gould 1956 über die *Goldberg-Variationen* verfasste und in dem er recht tiefsinnige Gedanken entwickelt:

> «[...] meiner Meinung nach ist die grundlegende Ambition dieses Variationenwerkes nicht in der organischen Machart zu finden, sondern in einer Gemeinschaft des Empfindens. Insofern hat das Thema kein Ende, sondern strahlt nur aus, die Variationen sind kreisförmig und nicht geradlinig angeordnet, während die wiederkehrende Passacaille dem Kreis einen Brennpunkt verleiht. Es ist, kurz gesagt, Musik, die weder Ende noch Anfang achtet, Musik ohne wirklichen Höhepunkt und ohne wirkliche Auflösung, Musik, die, wie die Liebenden Baudelaires, «sanft ruht auf des ungebundenen Windes Schwingen». So hat sie Einheit durch intuitive Einsicht, Einheit, entstanden aus Handwerklichkeit und Sorgfalt, gereift durch vollendete Meisterschaft und uns hier enthüllt, wie so selten in der Kunst, in unbewußt entworfener Vision frohlockend auf einem Gipfel der Macht.»[187]

---

[187] Glenn Gould: Die *Goldberg-Variationen*, S. 52.

Doch ist diese «Gemeinschaft des Empfindens» und «Einheit durch intuitive Erkenntnis» in Glenn Goulds Interpretation spürbar? Es erscheint zunächst vielmehr so, dass seine Einspielung ganz diverse Empfindungsebenen enthält. Doch möglicherweise ist all diesen scheinbar unterschiedlichen Ebenen etwas Wesentliches gemein. Wenn man sieht, was die *Goldberg-Variationen* alles an musikalischem Potential enthalten, so entsteht schnell der Eindruck einer unendlichen Vielfalt. Allerdings ist das Ganze sicherlich mehr als die Summe der Teile. Wanda Landowska will wahrscheinlich etwas über diesen Umstand ausdrücken, wenn sie schreibt: «There is no other work which, like *The Goldberg Variations*, leaves such a vast field for interpreters to display qualities of imagination, skill, and virtuosity, while giving the most substantial nourishment to musicians.»[188] Das Werk besitzt eine geistige Tiefe, die für Landowska ein wesentliches Bedürfnis ist und die über die enormen musikalischen Möglichkeiten des Werkes hinausweist.

Eine bisher unausgesprochene These dieser Arbeit ist, dass ein Werk wie die *Goldberg-Variationen* so viele

---

[188] Wanda Landowska: *The Goldberg Variations*, S. 219.

musikalische Möglichkeiten eröffnet, dass jede gute Interpretation wie zwangsläufig eine eigene Sichtweise auf das Werk entwickelt. Für den Hörer bedeutet das, je nach Interpretation, eine je andere und neue Sicht auf das Werk, mithin ein zumindest partiell anderes Verstehen des Werkes. Dies kann häufig eine Bereicherung des Werkverständnisses bedeuten, da Potentiale die im Werk enthalten sind, durch Interpretationen verwirklicht werden. Für Wanda Landowska beschreibt Martin Elste dieses Phänomen folgendermaßen:

«Was ihre Aufführungen trotzdem auch für die nachfolgenden Generationen so interessant und wichtig macht, ist Stimmigkeit ihrer Interpretationen und das Phänomen des fortwährenden Stilwandels der Aufführungspraxis. Denn jeder Aufführungsstil legt sich wie eine mehr oder minder durchsichtige Folie über die Kompositionen. Erklingen bekannte Kompositionen anders als in dem üblichen, vertrauten Aufführungsstil, dann legt die Differenz beider Folien für den aufmerksam vergleichenden Hörer eine Schicht frei, die die Farbigkeit des musikalischen Kunstwerks ans Licht bringt. Dabei offenbaren wir Details der Komposition, die wir sonst nicht so ohne weiteres vernehmen. Ein Ritardando vermag zwei Teile voneinander abzusetzen und damit eine Komposition übersichtlich zu gliedern. Zwar werden die Verzierungen heute häufiger als früher und auch historisch richtiger gespielt, doch wer bringt den melodischen Reichtum, der in den verschiedenen Ornamenten versteckt ist, deutlicher und schöner zum Erklingen als die Landowska?»[189]

Gerade weil die Interpretationen Landowskas in einigem zeitlichen Abstand zu uns stehen, sind sie interessant, da sie aufgrund ihres anderen Aufführungsstils ein Werk anders interpretieren als es heutige Interpreten tun. Elste schreibt, es würde eine Schicht freigelegt, die neue Facetten des Werkes zeige. Ein Beispiel hierfür sind für ihn bei Landowska die frei gestalteten Ornamente, was wir für die untersuchte Einspielung der *Goldberg-Variationen* bestätigen können.

2. Sinnüberschuss

Ein solches Freilegen von Schichten durch verschiedene Interpretationen ist aber nur möglich, wenn

---

[189] Martin Elste: Nostalgische Musikmaschinen, S. 255.

diese Schichten im Werk potentiell angelegt sind. Denn der Interpret fügt nicht eigentlich etwas zu dem Werk hinzu, sondern er bringt etwas heraus, was schon darin ist, auf diese bestimmte Weise aber vielleicht noch nie dargestellt wurde. Es ist davon auszugehen, dass ein so komplexes musikalisches Kunstwerk wie die *Goldberg-Variationen* ein großes Potential an freizulegenden Schichten besitzt. Wir hatten am Ende von Kapitel I gesehen, dass dieses Phänomen von Joanna Goldstein als strukturelle Mehrdeutigkeit von Kompositionen beschrieben wird. Diese Mehrdeutigkeit musikalischer Texte drückt sich in der einzelnen Interpretation in der Regel als die Entscheidung für eine bestimmte Lesart aus, kann sich aber im Vergleich mehrerer Interpretationen als klarer struktureller Unterschied zeigen. Ein naheliegendes Beispiel hierfür ist die Entscheidung für eine bestimmte Phrasierung, die bei einem anderen Interpreten ganz anders ausfallen mag. In unserer Untersuchung ist es Gustav Leonhardt, der die klarste Phrasierung und somit auch die klarste diesbezügliche Lesart des Notentextes präsentiert. Wanda Landowska scheint hingegen oft mehrere Lesarten in ihrer Interpretation zu vereinen; wie wir gesehen haben nicht nur bei der Phrasierung, sondern auch bei den Verzierungen und

242

dem Rhythmus, indem sie parallele Stellen verschieden strukturiert.

Der individuelle künstlerische Interpretationsstil spielt bei Wanda Landowska eine entscheidende Rolle; nicht weniger sicherlich bei Glenn Gould, Karl Richter und Wilhelm Kempff. Es ist ganz offensichtlich die subjektive Sicht dieser Künstler, durch die der Hörer Bachs *Goldberg-Variationen* in ihren Interpretationen zu hören bekommt. Ganz besonders ausgeprägt ist diese Subjektivität in der Interpretation von Wilhelm Kempff, die Gefahr läuft, die Sicht auf das Werk gleichsam durch den Künstler zu verstellen: Es ist schon recht viel Kempff und deutlich weniger Bach, wenn die Aria ohne Verzierungen erklingt. Das Gegenbild hierzu sind die eher objektiven Interpretationen von Grete Sultan und Gustav Leonhardt. Letzterer benutzt als einziger die Möglichkeit neue Schichten am Werk freizulegen, indem er sich auf ältere Aufführungspraxis zurückorientiert. Durch die Anwendung dieses älteren Aufführungsstils werden ebenfalls andere Facetten des musikalischen Werkes sichtbar. Dabei ist keineswegs unstrittig, wie die historische Aufführungspraxis der Bachzeit auszusehen hat. Im ersten Kapitel hatten wir einen kurzen

Einblick in die historische Aufführungspraxis Bachscher Klaviermusik aus der Sicht Paul Badura-Skodas erhalten. Dieser trat für nicht zu langsame Tempi ein, wogegen Leonhardt oft sehr langsame Tempi wählt. Außerdem forderte Badura-Skoda eine zupackende Dynamik, die bei Leonhardt auch nur partiell zu finden ist, viel eher aber bei Karl Richter, der sich gar nicht der historischen Aufführungspraxis verbunden fühlt. Und auch im Falle des gleichmäßigen Metrums, zu dem Badura-Skoda rät, ist Leonhardt derjenige Interpret, der genau das Gegenteil praktiziert und am großzügigsten agogische Schwankungen in seine Interpretation einbezieht. Es zeigt sich also, dass es offenbar auch innerhalb der historisch orientierten Aufführungspraxis viele Meinungen gibt, die sich zuweilen auch widersprechen. Ob sich allerdings Leonhardts aufführungspraktische Orientierung in der betrachteten Interpretation auszahlt, ist für uns unstrittig, da diese Einspielung vieles am Werk verdeutlicht, das so bei anderen Interpretationen nicht in Erscheinung tritt. Zu nennen ist hier besonders die klare Darstellung der zahlreichen mehrstimmigen Variationen. Hierfür ist nicht zuletzt auch der verwendete Cembalo-Nachbau nach historischem Vorbild verantwortlich zu machen, der durch seinen klaren

Klang eine sehr deutliche Darstellung der komplexen musikalischen Strukturen ermöglicht. Dies ist ein eindeutiger Verdienst der Bemühungen um eine authentische Aufführung älterer Musik. Umso einsichtiger wird das, betrachtet man die Interpretation Karl Richters. Das von Richter benutzte Neupert-Cembalo und die häufige Benutzung beider 8-Fuß-Register sowie des 16-Fuß-Register bringt einen verworrenen, unästhetischen Klang mit sich, der dieser Einspielung Abbruch tut. Auch die regelmäßigen Registerwechsel innerhalb einer Variation, wie sie auch Landowska betreibt, bringen unnötige Unruhe in die Interpretation und sind nebenbei bemerkt auch nicht mit der historischen Spielweise vereinbar.[190] Man hat an diesen Stellen nicht das Gefühl, dass dem Werk eine neue Seite abgewonnen wird, sondern vielmehr dass ihm etwas hinzugefügt wird, das unnötig ist. Insofern stellt Gustav Leonhardts Einspielung diejenige Interpretation dar, die gleichsam von allem Unnötigen entschlackt, nur das Werk selbst darstellt und es gerade

---

[190] Vgl. Erwin Bodky: Der Vortrag der Klavierwerke Bachs, S. 54. Registerwechsel sind laut Bodky in der Regel nicht innerhalb eines Tanzsatzes vorzunehmen und waren allgemein nicht so häufig.

auf diese Weise in ein neues Licht rückt. Insofern hat Leonhardt – ganz unabhängig von der Frage, ob diese Interpretation nun wirklich eine historisch authentische Aufführung darstellt – sein interpretatorisches Ziel erreicht: Sein Spiel ist authentisch, indem es dem Werk gerecht wird und dessen musikalischen Sinn verdeutlicht. Doch ist das schon der ganze Sinn und Gehalt, der den *Goldberg-Variationen* innewohnt?

Wir waren davon ausgegangen, dass dieses Werk – wie viele andere Werke auch – strukturelle Mehrdeutigkeiten enthält, die schwerlich von einem Interpreten in einer Interpretation wiedergegeben werden können. Demnach ist freilich davon auszugehen, dass auch Gustav Leonhardt in seiner Einspielung nicht die einzig wahre Interpretation gefunden hat. Viel eher bestärkt einen die hier betriebene Untersuchung in dem Eindruck, dieses Werk halte geradezu einen Überschuss an Sinn für seine Interpreten und Hörer bereit. Dies hat zur Konsequenz, dass nur sehr viele und immer wieder neue Interpretationen die im Werk enthaltenen musikalischen Möglichkeiten zu verwirklichen imstande sind und dass dieser Prozess, solange das Werk existiert, auch nicht abzuschließen ist.

Teil dieses Prozesses ist sicherlich auch die Übertragung des für zweimanualiges Cembalo geschriebenen

Variationenwerkes auf das moderne Klavier. Durch diese Übertragung erhält die Interpretation ein zwangsläufig virtuoses Moment, da auf dem Klavier technisch zum Teil sehr problematische Stimmkreuzungen entstehen. Aus dieser Sicht ist es umso erstaunlicher, dass bei Wilhelm Kempff keine Spur von Virtuosität zu vernehmen ist und alles so heiter und mild erscheint. Letzten Endes steckt jedoch in Kempffs Interpretation, wie schon angedeutet wurde, ein Zuviel an Subjektivität. Die komplexen musikalischen Abläufe und verschiedenen musikalischen Charaktere werden zugunsten einer subjektiven Spielfreude vernachlässigt. Bei Grete Sultan indes ist es andersherum: Ihr Spiel wirkt so nüchtern, dass die musikalische Empfindung abhandenkommt und die klar dargestellten musikalischen Strukturen leer bleiben. Anders als bei Leonhardt, der die musikalischen Geschehnisse nicht nur überaus klar darstellt, sondern sie auch empfindet, stellt Sultan sie zwar deutlich dar, doch empfindet sie sie nicht so recht. Glenn Gould ist der einzige der drei Pianisten, bei dem beide Seiten zu ihrem Recht kommen: Die Strukturen der Komposition werden deutlich – man denke an den klaren

Kontrapunkt – und es ist unverkennbar, dass Gould die Musik auch empfindet.

3. Variationen über ein Thema

Durch Adornos Überlegungen zur musikalischen Reproduktion war die These verstärkt worden, dass ein Werk der Subjektivität des Interpreten bedarf, um zu einer angemessenen Darstellung zu gelangen. Dies liegt vor allem darin begründet, dass ein musikalisches Werk mit dem Abschluss seiner Komposition nur in einem gewissen Sinne fertiggestellt ist, es aber über den fixierten Notentext hinaus Faktoren gibt, die veränderlich bleiben. Adorno drückt dieses Phänomen so aus: «Das musikalische Werk verändert sich ähnlich durchs Gehört-, Berühmt-, Abgebrauchtwerden wie das Bild unter den Blicken der Unzähligen, die darüber gegangen. Das Werk «an sich» ist eine Abstraktion. Wahrscheinlich fällt das reine Werk an sich mit dem Uninterpretierbaren zusammen.»[191] Durch die festgestellten Unterschiede der sechs untersuchten Interpretationen ist deutlich geworden, dass ein Werk

---

[191] Siehe Adorno: Zu einer Theorie einer musikalischen Reproduktion, S. 14.

auf ganz unterschiedliche Weise interpretiert werden kann und es sicherlich nicht nur eine legitime Art der Interpretation gibt. Den anspruchsvollen Vorstellungen Adornos mag Glenn Goulds Interpretation am nähesten kommen, da sie sowohl in die interpretatorischen Extreme geht, als auch die musikalischen Strukturen offenlegt. Die «Röntgenphotographie», die Adorno wiederholt fordert, wird aber auch von Wanda Landowska und Gustav Leonhardt erbracht, wobei insbesondere Leonhardt zu einer herausragenden Klarheit des komplexen musikalischen Gewebes kommt.[192]

Am Ende der Untersuchung der sechs Einspielungen der *Goldberg-Variationen* können wir besonders beim Hören der Interpretationen von Leonhardt, Gould und Landowska mit Gadamer sagen: «Es kommt heraus!» Wir hören bei allen Interpreten dasselbe Werk und doch kommt jedes Mal etwas anderes heraus. Denn, wie Gadamer schreibt:

> «Die Trennung des handwerklichen und
> maschinellen Herstellens von dem, was

---

[192] Adorno hätte dies wahrscheinlich jedoch nicht so gesehen, da er ein entschiedener Gegner des historischen Aufführungsstils war.

im modernen Sinne Kunst ist, meint daher im radikaleren Sinne ein «Herauskommen». «Es» kommt heraus, weil es
darin ist und in gewissem Sinne ein ver-
borgenes ist, das erst herauskommen
muß. Die Unverborgenheit dessen, was
da herauskommt, ist nun aber in dem
Werk selbst geborgen – und nicht in
dem, was wir darüber sagen. Es bleibt
immer dasselbe Werk, auch wenn es in
jeder neuen Begegnung auf seine eigene
Weise herauskommt.»[193]

So verstehen wir das Werk bei jedem Interpreten und
bei jedem Hören auf seine eigene Weise und doch
würde Gadamer sagen, dass es immer dasselbe Werk
ist, das da zu uns spricht. Und gerade bei einem Werk
wie den *Goldberg-Variationen* ist der Eindruck, dass uns
hier etwas Fundamentales und Wahrhaftiges mitge-
teilt wird, besonders stark. Sicherlich verstehen wir
das Werk auch besser, wenn wir verschiedene Interpretationen hören und auf diese Weise unterschiedliche Sichtweisen auf das Werk gewinnen.[194] Damit
wird deutlich, was mit der geheimen Selbigkeit von

---

[193] Gadamer: Wort und Bild – «so wahr, so seiend», S.
189.
[194] Besser allemal als die Hauptfigur Gabe in Woody Al-
lens Film *Ehemänner und Ehefrauen*, der erzählt, er habe
jahrelang geglaubt, die *Goldberg-Variationen* wären das,
was Mr. und Mrs. Goldberg jeden Samstagabend in ihrem Schlafzimmer machen würden.

musikalischen Kunstwerk und dessen Interpretation gemeint ist. Doch freilich werden wir auch durch die Interpretationsbetrachtung nicht den geheimen Sinn des Werkes lüften können, der prinzipiell unsagbar ist. Ein Gedichtende von Ernst Jandl drückt am Ende möglicherweise etwas Wesentliches über den Gegensatz von Einheit und Vielfalt aus, der in den *Goldberg-Variationen* und ihren zahlreichen Interpretationen zu einer Symbiose findet:

> *zu sagen gebe es schließlich nur eines; dieses aber immer wieder, und auf immer neue weise.*[195]

---

[195] Siehe Ernst Jandl: Booklet zur CD laut und luise/aus der kürze des lebens, S. 57.

Diskographie

Gould, Glenn: Aufnahme der *Goldberg-Variationen* von 1955 (Sony CD 52562/3)

Kempff, Wilhelm: Aufnahme der *Goldberg-Variationen* von 1969 (DG 439 978-2)

Landowska, Wanda: Aufnahme der *Goldberg-Variationen* von 1945 (BMG 09026-60919-2)

Leonhardt, Gustav: Aufnahme der *Goldberg-Variationen* von 1965 (WSM 8573-81143-5)

Richter, Karl: Aufnahme der *Goldberg-Variationen* von 1970 (DG 445 057-2)

Sultan, Grete: Aufnahme der *Goldberg-Variationen* von 1959 (LAB 7037-2)

Adorno, Theodor W.: Zu einer Theorie einer musikalischen Reproduktion, Frankfurt/Main 2001

Badura-Skoda, Paul: Bach-Interpretation. Die Klavierwerke Johann Sebastian Bachs, Laaber 1990

Bazzana, Kevin: Glenn Gould. Oder die Kunst der Interpretation, Kassel u. a. 2001

Bodky, Erwin: Der Vortrag der Klavierwerke Bachs, Tutzing 1970

Borris, Siegfried (Hg.): Vergleichende Interpretationskunde (=Veröffentlichungen des Instituts für Neue Musik und Musikerziehung Darmstadt Band 4), Berlin 1963

Ders.: GegensätzlicheAuthentizität in der Interpretation. Zur Grundlegung einer vergleichenden Interpretationskunde, in: Ders. (Hg.): Vergleichende Interpretationskunde, Berlin 1963, S. 7-11

Ders.: Das Wagnis der Interpretation Bachscher Musik, in: Ders. (Hg.): Vergleichende Interpretationskunde, Berlin 1963, S. 15-21

Breig, Werner: Bachs Goldberg-Variationen als zyklisches Werk, in: AfMw 32, 1975, Heft 4, S. 243-265

Dammann, Rolf: Johann Sebastian Bachs «Goldberg-Variationen», Mainz 1986

Danuser, Hermann: Vortragslehre und Interpretationstheorie, in: Ders. (Hg.): Neues Handbuch der Musikwissenschaft, Band 11: Musikalische Interpretation, Laaber 1992, S. 271-320

Ders.: Artikel «Interpretation», in: Ludwig Finscher (Hg.): MGG 2, Sachteil, Bd. 4, S. 1053-1069

Martin Elste: Nostalgische Musikmaschinen. Cembali im 20. Jahrhundert, in: Kielklaviere. Cembali, Spinette, Virginale, hrsg. vom Staatlichen Institut für Musikforschung Preußischer Kulturbesitz, Berlin 1991

Ders.: Meilensteine der Bach-Interpretation 1750-2000. Eine Werkgeschichte im Wandel, Stuttgart u.a. 2000

Friedrich, Otto: Glenn Gould. Eine Biographie, Reinbek b. Hamburg 1994

Forkel, Johann Nikolaus: Über Johann Sebastian Bachs Leben, Kunst und Kunstwerke, Kassel 1968

Gadamer, Hans-Georg: Wahrheit und Methode. Grundzüge einer philosophischen Hermeneutik, Tübingen 61990

Ders.: Wort und Bild – «so wahr so seiend», in: Jean Grondin (Hg.): Gadamer Lesebuch, Tübingen 1997, S. 172-198

Gavoty, Bernard: Wanda Landowska (aus der Reihe: Die großen Interpreten), Genf 1956

Ders.: Wilhelm Kempff (aus der Reihe: Die großen Interpreten), Genf 1960

Goldstein, Joanna: A Beethoven Enigma. Performance Practice and the Piano Sonata, Opus 111, New York u. a. 1988

Gottscheswki, Hermann: Interpretation als Kunstwerk. Musikalische Zeitgestaltung und ihre Analyse am Beispiel von Welte-Mignon-Klavieraufnahmen aus dem Jahre 1905 (=Freiburger Beiträge zur Musikwissenschaft Band 5), Laaber 1996

Gould, Glenn: Die *Goldberg-Variationen*, in: Von Bach bis Boulez. Schriften zur Musik I, hg. von Tim Page, München 1986

Ders.: Briefe, hg. von Ghyslaine Guertin, München 1997

Harden, Ingo: Von Pierchon bis Haydn. Neue klingende Exempel aus 300 Jahren Musikgeschichte, in fono forum, 1966 Heft 3, S. 110/111

Ders.: Rezension zur Einspielung der *Goldberg-Variationen* von Karl Richter von 1970, in: fono forum, 1972 Heft 7, S. 538

Ders.: Rezension zur Einspielung der *Goldberg-Variationen* von Wilhelm Kempff von 1969, in: fono forum, 1970 Heft 11, S. 839

Hartmann, Günter: Bergamasca-Variationen? oder *Das aus dem Rahmen fallende Quodlibet*. Materialien zur Geschichte und Auflösung eines fundamentalen Irrtums über Bachs sog. Goldberg-Variationen (BWV 988), Lahnstein 1997

Humphreys, Peter: More on the Cosmological Allegory in Bach's Goldberg Variations, in: Soundings 12 (1984-85), S. 25-45

Jandl, Ernst: Booklet zur CD laut und luise/aus der kürze des lebens, Zürich 1995 (hat Art CD 87012)

Kaiser, Joachim: Große Pianisten unserer Zeit, erweiterte Neuausgabe München ³1996

Kaußler, Ingrid und Kaußler, Helmut: Die Goldberg-Variationen von J. S. Bach, Stuttgart 1985

Kistler-Liebendörfer, Bernhard: Vom Wirken der Zahl in J.S. Bachs Goldbergvariationen, Frankfurt/Main 1993

Kluge-Kahn, Hertha: J. S. Bach. Die verschlüsselten theologischen Aussagen in seinem Spätwerk, Wolfenbüttel und Zürich 1985

Landowska, Wanda: The Goldberg Variations, in: Denise Restout (Hg.): Landowska on Music, New York 1964

Linsenmeyer, Klaus: Wilhelm Kempff (1895-1991). Sein Leben und Wirken als Pianist, Klavierpädagoge und Komponist, Würzburg 1996

Metzger, Heinz-Klaus und Rainer Riehn (Hg.): Johann Sebastian Bach. Goldberg-Variationen (=Musik-Konzepte 42), München 1985

Niemöller, Heinz Hermann: Polonaise und Quodlibet, der innere Kosmos der Goldberg-Variationen, in: Musik-Konzepte 42, München 1985, S. 3-28

John Pfeiffer: Wanda Landowska, Text im Booklet der CD *Legendary Performers: Wanda Landowska*, RCA-Victor 1992 (BMG 09026-60919-2)

Rathert, Wolfgang: Sense and Sensibility, in: Frankfurter Allgemeine Zeitung vom 24. August 2002

Richter, Klaus Peter: Goldberg und die Folgen, in: fono forum, 1985 Heft 8, S. 22- 27

Salzman, Eric: Text im Booklet zur CD *Grete Sultan. The Legacy Volume 1*, Labor Records 2002 (LAB 7037)

Schreiber, Wolfgang: Auswahldiskographie, in: Musik-Konzepte 42, München 1985, S. 104-106

Schweitzer, Albert: Johann Sebastian Bach, Leipzig 1952

Traub, Andreas: Johann Sebastina Bach. Goldberg-Variationen BWV 988 (= Meisterwerke der Musik Heft 38), München 1983

Wörner, Roland: Karl Richter. Musik mit dem Herzen, München 2001

Wohnhaas, Theodor: Studien zur musikalischen Interpretationsfrage (anhand von Schallplattenaufnahmen der Corilian-Ouverture Beethovens), Erlangen 1958

Wolff, Christoph: Der stile antico in der Musik J. S. Bachs (= Beihefte zum AfMw, Bd. 6), Wiesbaden 1968

Ders.: Bach's *Handexemplar* of the Goldberg Variations: A New Source, in: Journal of The American Musicological Society, XXIX, 1976, No. 2, S. 224-241

Ders: Kritischer Bericht zur Neuen Bachausgabe sämtlicher Werke Johann Sebastian Bachs, NBA V/2, Kassel 1981

Ders.: Johann Sebstian Bach, Frankfurt/Main 2000

Williams, Peter: Bach: The Goldberg Variations, Cambridge 2001

Zenck, Martin: «Bach der Progressive». Die Goldberg-Variationen in der Perspektive von Beethovens Diabelli-Variationen, in: Musik-Konzepte 42, München 1985, S. 29-92